DIESES BUCH GEHÖRT

NAME: ______________________

KLASSE: ______________________

GEBURTSTAG: __________

MEISTER DER RECHTSCHREIBUNG

Impressum

Signifant Verlag, André Voget, Erlenhofstraße 25, D-56235 Ransbach-Baumbach, www.signifant.de

Kontakt: info@signifant.de • Wir freuen uns über Rückmeldungen!

Illustrationen kommerziell lizenziert von Shutterstock u. a. Bilddatenbanken.

ISBN 978-3-948577-29-2

Inhaltsverzeichnis

Grundwissen

Diktate fehlerfrei schreiben

Umlaute ableiten

Auslautverhärtung meistern

Lang und kurz gesprochene Selbstlaute

Mitlautverdopplung

Besondere Buchstaben und Buchstabengruppen

Anhang

Male einen Smiley an den Rand, wenn du ein Kapitel beendet hast.

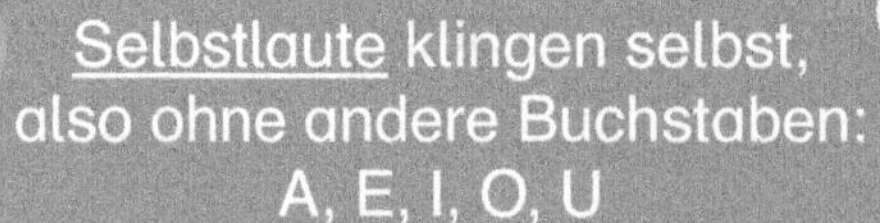

Selbstlaute klingen selbst,
also ohne andere Buchstaben:
A, E, I, O, U

Man nennt sie auch Vokale.

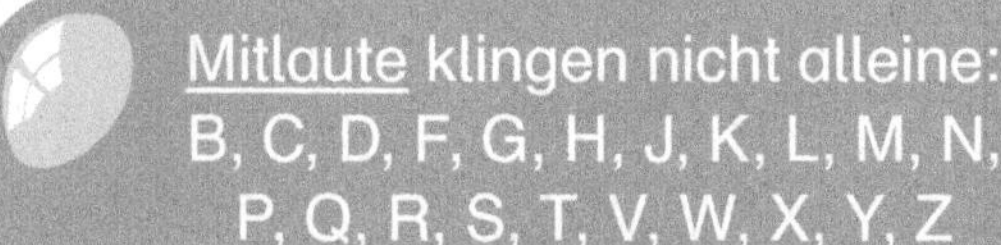

Mitlaute klingen nicht alleine:
B, C, D, F, G, H, J, K, L, M, N,
P, Q, R, S, T, V, W, X, Y, Z

Man nennt sie auch Konsonanten.

Aus den Selbstlauten
A, O und U

machst du die Umlaute
Ä, Ö und Ü

Doppellaute sind zwei
Laute aus Selbstlauten
oder mit einem Umlaut:

AU, EI, AI, ÄU und EU

1 Male die Kästchen für Selbstlaute rot und für die Mitlaute grün aus.

2 Schreibe die Wörter mit den fehlenden Umlauten oder Doppellauten.

3 Schreibe die Namenwörter (Nomen) auf.
Achte auf den ersten Buchstaben.

Pirat,

4

Schreibe die Namenwörter in die richtige Liste.

Menschen:

Tiere:

Pflanzen:

Dinge:

Jedes Namenwort hat einen Begleiter:

der, die oder das

5 Setze der, die oder das ein.

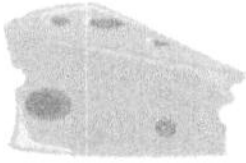 der Käse	 Eis
 Karotte	 Apfel
 Honig	 Birne
 Kürbis	 Fleisch
 Öl	 Ananas
 Gurke	 Salz
 Brot	 Mais
 Joghurt	 Banane

Namenwörter können auch diese Begleiter haben:

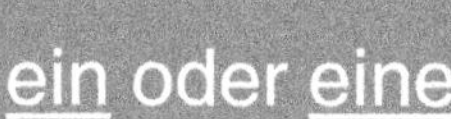

Schreibe die Wörter mit den Begleitern „ein“ oder „eine“.

das Auge	ein Auge
der Daumen	
der Fuß	
die Hand	
der Mund	
die Nase	
das Ohr	
die Zunge	

Namenwörter stehen in der Einzahl oder in der Mehrzahl.

Hund

Hunde

7 Schreibe die Begleiter für die Einzahl und für die Mehrzahl. Was fällt dir auf?

Begleiter	Einzahl	Begleiter	Mehrzahl
der	Hase	die	Hasen
	Pferd		Pferde
	Pony		Ponys
	Esel		Esel
	Löwe		Löwen
	Ferkel		Ferkel
	Elch		Elche
	Mücke		Mücken

8 Schreibe die Bildwörter in der Mehrzahl auf.

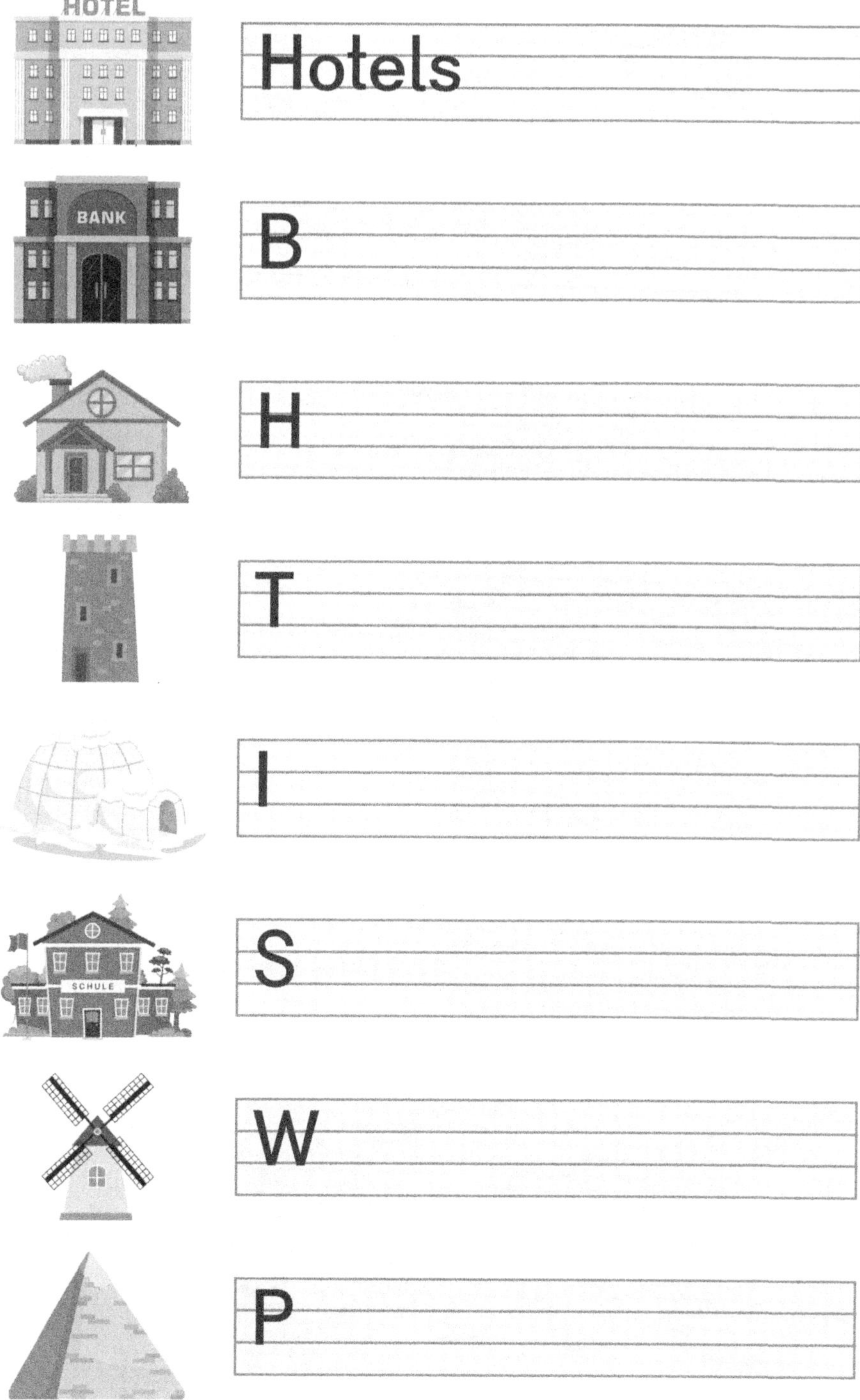

9 Bilde aus zwei Wörtern ein neues Wort.

10 Wie heißen die Wörter? Schreibe sie auf.

+  = Bankräuber

+  =

+  =

+  =

+  =

+  =

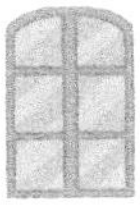

+  =

+  =

+  =

+  =

Tunwörter (Verben) sagen,

<u>was</u>

jemand tut

11 Was tun die Kinder? Schreibe auf.

f, ie, g, en, l

sch, ß, en, ie

t, en, an, z

en, f, g, e

en, ei, r, t

h, en, a, f, r

en, ad, b

ch, ei, n, st, el, r

Wiewörter (Adjektive) sagen,

wie

etwas ist

12 Ergänze die Wiewörter. Achte auf die passende Form.

fleißig, klein, langsam, schnell, süß, warm, weich

der ______________________

die ______________________

das ______________________

der ______________________

die ______________________

das ______________________

die ______________________

Denke bei jedem Satz daran:

Beginne den Satz groß.
Beende ihn mit einem Punkt.

13 Ordne die Purzelsätze. Schreibe sie richtig auf. Setze nach jedem Satz einen Punkt.

Katzen Haustiere beliebte sind

auf der Es ganzen gibt sie Welt

uns zusammen leben mit Sie

gerne Wiesen streunen über Sie

sie Manchmal fangen Maus eine

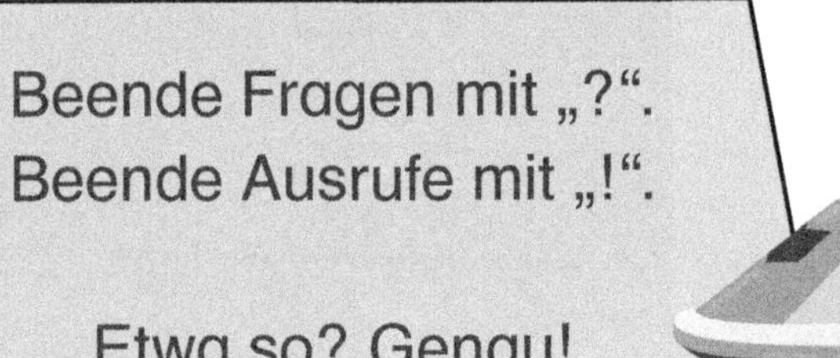

14 Ordne die Purzelsätze, und schreibe sie auf.
Setze eines der drei Satzzeichen: . ? !

Katzen jagen Wie

ihre nutzen Krallen Sie

sogar können So sie kratzen

Katzen Welche machen Laute

miauen und Katzen gurren

In diesem Buch gibt es viele Diktate.
Du findest sie vorne im Inhaltsverzeichnis.
Sie sind mit ▶ markiert.

Lerne auf dieser Doppelseite, welche Diktatformen es gibt. So übst du die Diktate mit Abwechslung und viel Spaß!

Abschreibediktat

Lies das Diktat Zeile für Zeile langsam durch. Decke jede Zeile ab, und schreibe sie auswendig auf.

Dosendiktat

Schneide Papierstreifen aus, und schreibe die Sätze zum Üben auf die Streifen. Dann schreibe das Diktat: Lies einen Satz, und stecke sofort den Streifen in eine Dose mit Schlitz. Schreibe jeden Satz auswendig auf.

Handydiktat

Starte auf dem Handy eine Aufnahme-App. Nimm dich selbst dabei auf, wie du das Übungsdiktat langsam sprichst. Spiele danach deinen Text ab, Satz für Satz, und schreibe die Sätze auf.

Kartendiktat

Schreibe schwierige Wörter oder ganze Sätze auf Karteikarten. Wenn du mehrere Karten fertig hast, mische sie. Ziehe eine Karte, lies sie, und schreibe das Wort oder den Satz auswendig auf.

Laufdiktat

Erstelle Karten wie beim Kartendiktat. Verteile diesmal die Karten im Zimmer. Gehe zur ersten Karte, und lies den Satz. Laufe zurück zum Schreibtisch, und schreibe ihn auswendig auf. Mache dasselbe mit den anderen Karten.

Riesendiktat

Schreibe die Sätze des Diktats in Großbuchstaben ab. Dann schreibe von dieser Vorlage richtig mit großen und kleinen Buchstaben ab.

Schuldiktat

Jemand liest dir einen Text vor – langsam, Satz für Satz, und deutlich. Lass dir lange Sätze in Abschnitten vorlesen. Du hörst gut zu und schreibst den Text mit. Zum Schluss liest dir jemand das ganze Diktat noch einmal langsam vor.

Würfeldiktat

Schreibe sechs Sätze untereinander auf. Würfle. Lies den zur Augenzahl passenden Satz, und schreibe ihn auswendig auf. Würfle so oft, bis du alle Sätze geschrieben hast, aber schreibe jeden Satz nur einmal.

15 Lies die fünf Tipps, mit denen du im Diktat weniger Fehler machst.

1. Genau zuhören. Wenn das Diktat vorgelesen wird, dann höre genau zu. Finde das Thema heraus. Dann fällt dir das Schreiben leichter.

2. Keine Schönschrift. Bei einem Diktat ist die Zeit begrenzt. Verzichte auf das Schönschreiben. Es ist besser, schnell zu schreiben. So bleibt dir mehr Zeit, um Fehler zu finden und zu verbessern.

3. Nicht vorzeitig korrigieren. Wenn du merkst, dass ein Wort einen Fehler hat, dann setze einen kleinen Punkt darunter. Killern kostet zu viel Zeit. Verbessere Fehler immer erst nach dem Vorlesen des Diktats.

4. Lücken lassen. Kommst du mal nicht mit, dann lass eine Lücke. Nach dem Vorlesen hast du Zeit, das fehlende Wort zu ergänzen.

5. Regelmäßig üben. Fehlerfreie Diktate schreibt nur, wer regelmäßig zu Hause Diktate übt. Nur so lernst du, in Stille und gegen die Uhr zu schreiben. Außerdem machst du mit jedem Diktat weniger Fehler.

16 Lerne, wie du dein Diktat auf Fehler überprüfst.

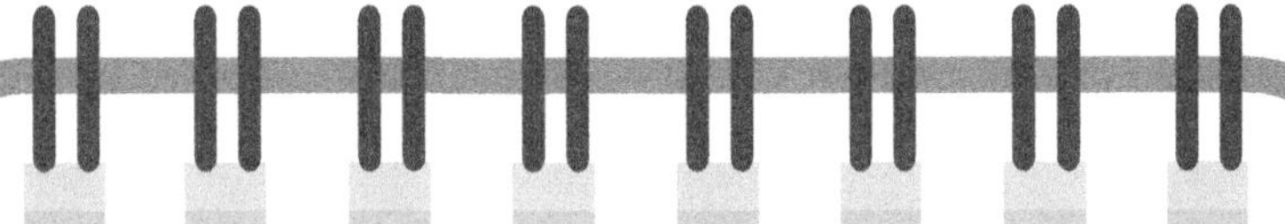

Es ist nicht einfach, in einem Diktat Fehler zu finden. Dein Gehirn überliest Wörter, die von der Form richtig erscheinen. Darum musst du dein Gehirn überlisten. Lies übertrieben genau, am besten Wort für Wort rückwärts.

Wenn du genug Zeit hast, dann kontrolliere mit dieser Checkliste:

1. Beginne jeden Satz groß.
2. Schreibe Namenwörter groß.
3. Schreibe Tunwörter klein.
4. Ist jeder Satz vollständig und ergibt Sinn?

Dieses Buch zeigt dir viele Tricks, zum Beispiel Auslaute zu verlängern. Schreibe falsch geschriebene Wörter auf Karteikarten. Übe die Karten mit einem Laufdiktat oder mit einem Kartendiktat (siehe Seite 18 und 19).

Im Wörterbuch stehen die Wörter nach dem Abc geordnet.

Haben Wörter den gleichen ersten Buchstaben, dann wird nach dem 2. Buchstaben geordnet, dann nach dem 3. Buchstaben, und so weiter.

17 Lies die beiden Seiten im Wörterbuch.

H h

das	Haar
	haben
der	Hafen
der	Hafer
der	Hagel
der	Hahn
der	Hai
	häkeln
der	Haken
	halb
die	Hälfte
die	Halle
der	Hals
	halten

der	Hammer
der	Hamster
die	Hand
	hängen
der	Hase
der	Haufen
die	Haut
der	Hebel
die	Hecke
	heimlich
	heiraten
	heißen
	heizen
der	Held
	hell
der	Helm
das	Hemd

18 Suche die Tiernamen im Wörterbuch links. Schreibe sie richtig auf.

19 Welche zwei Namenwörter beginnen mit „Haf“? Schreibe sie auf.

20 Welche zwei Namenwörter beginnen mit „Hel“? Schreibe sie auf.

21 Welche zwei Tunwörter beginnen mit „hä“? Schreibe sie auf.

22 Ordne diese vier Wörter nach dem Abc.

Bus • Kanu • Auto • Rad

1

2

3

4

23 Ordne diese vier Wörter nach dem Abc.

Kerze • Kamm • Koffer • Kissen

1

2

3

4

24 Ordne diese vier Wörter nach dem Abc.

Hut • Hund • Huhn • Hupe

1

2

3

4

25 Welche drei Wörter stehen im Wörterbuch untereinander? Nutze das Buch auf Seite 22.

haben

Hafen

Hafer

Hase

häkeln

hell

heimlich

Hammer

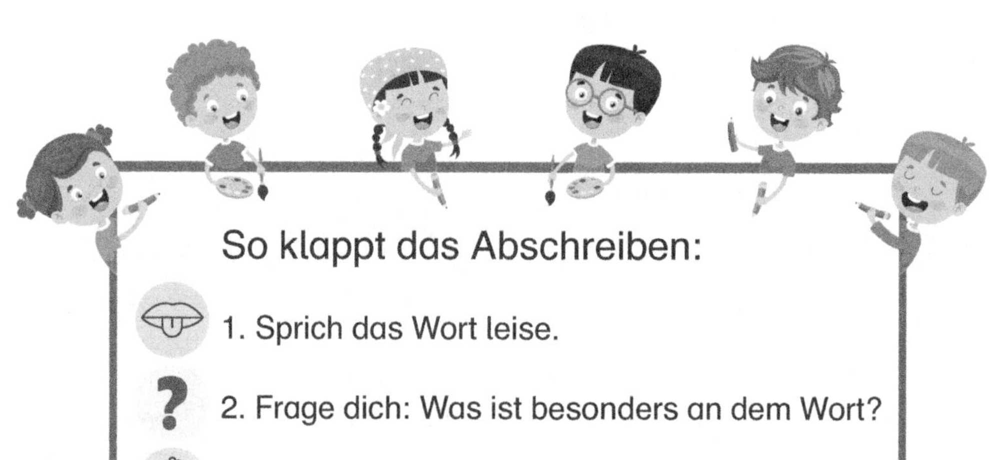

26 Schreibe die Wörter ab. Kreuze jeden Schritt an, den du erledigt hast.

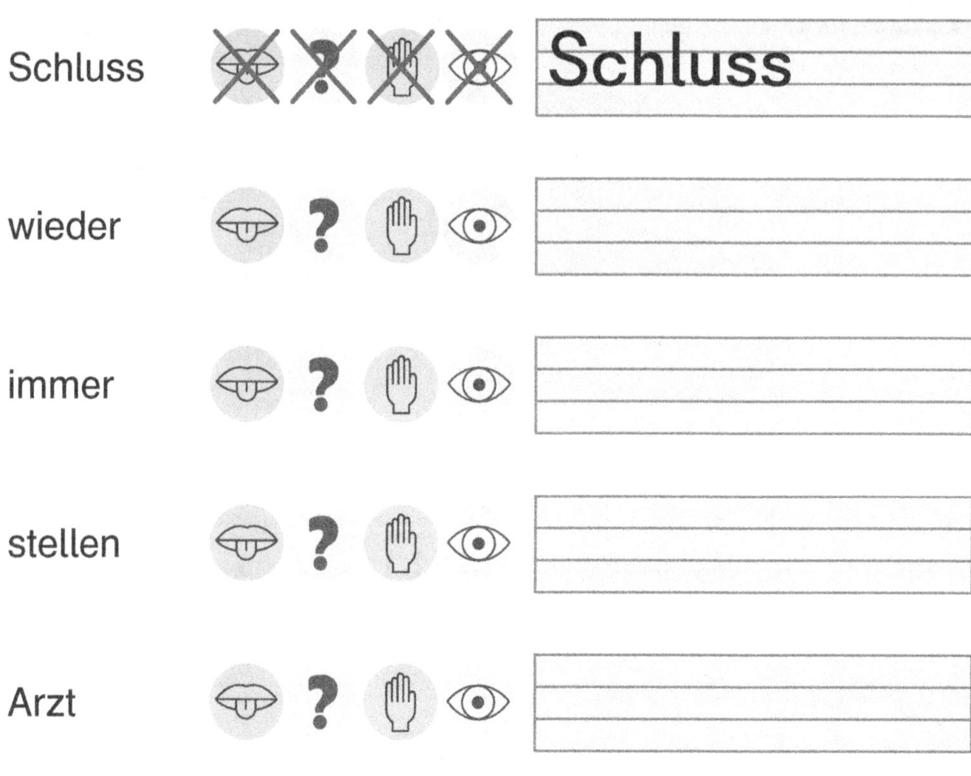

27 Decke oben immer ein Wort ab. Dann schreibe es nach der Anleitung links ab.

bald dann spielt zurück wir
groß nehmen ließ einmal
sehen sieht fallen Straße
kommt bekommt sehr weiß
morgen fahren plötzlich kriegt fleißig

bald,

28 Diese Wörter schreiben Schüler oft falsch. Lies sie laut vor. Dann löse die Aufgaben.

bald	dann	wissen	ziemlich
ihm	lassen	wir	immer
ein bisschen	hier	schnell	Straße
fallen	vielleicht	plötzlich	ihn
außen	jetzt	Mutter	viel
wieder	ihr	los	man
hatte	alle	kriegen	groß
wenn	nie	denn	voll
fleißig	hätte	allein	dies

So viele Wörter haben drei Buchstaben: ☐

So viele Wörter haben vier Buchstaben: ☐

So viele Wörter haben ein „ie“: ☐

So viele Wörter haben ein „ß“: ☐

So viele Wörter haben einen Doppellaut: ☐

29 Schreibe die Wörter mit verschiedenen Farben nach.

nächster

ohne · sehr

Mutter · Vater · Kinder

fertig · außer · zurück

30 Schreibe die passenden Tunwörter auf.

wir gehen, er ...

geht

wir kommen, er ...

wir sagen, er ...

wir kriegen, er ...

wir nehmen, er ...

wir spielen, er ...

wir geben, er ...

wir müssen, er ...

31 Schreibe jedes Wort noch einmal bunt darunter.

32 Setze die Wörter in das Rätsel ein. Tipp: Zähle die Buchstaben.

fährt, fällt, fehlt, hält, hat, hatte, hier, kriegt, muss, nahm, nehmen, nicht, oft, ohne, schnell, sie, sieht, sitzt, steht, stellt, wissen

Wähle eine Diktatform
von den Seiten 18 und 19 aus.
Dann schreibe eines
der folgenden Diktate.

Die hellen Wörter sind die
Lernwörter des Kapitels.
Der „|“ steht für eine Diktierpause.

Anja und der Vogel

27 Wörter

Anja sah | aus dem Fenster.
Sie entdeckte | einen großen Vogel.
Er war gelb | und saß ganz still.
Plötzlich entdeckte | der Vogel eine Katze.
Schnell flog er davon.

Ohne Hände

45 Wörter

Emil und Nina fahren | mit ihren Fahrrädern.
Auf der Straße ist | nicht viel los.
Da sehen sie Luka.
Er fährt auch | mit dem Fahrrad.
Aber er fährt | sehr schnell. Und ohne Hände.
Das geht nicht gut. Luka fällt hin.
Emil und Nina helfen ihm.

Übungssätze zu Fehlerwörtern 40 Wörter

- Der Lehrer liest vor.
- Der weiße Schnee | liegt auf dem Wald.
- Am nächsten Tag | kam ein dicker Brief.
- Um vier Uhr verliert | der Vogel den Wurm.
- Auf dem Papier | ist nicht viel Platz.
- Endlich sind sie zusammen | zurück zu Hause.

Die Neue 26 Wörter

Pia war sehr aufgeregt.
Sie war neu | in der Schule.
Der Lehrer stellte sie | der Klasse vor.
Auf einmal winkte | ein Mädchen.
Schnell wurden beide Freunde.

Übungssätze zu Fehlerwörtern 36 Wörter

- Am Abend | aß der Arzt | einen Apfel.
- Froh und fleißig | fressen die Fliegen.
- Das kleine Kind | kriegt eine Kiwi.
- Der Rabe rief im Regen.
- Die Sonne scheint im Sommer.
- Der tiefe Teller | steht neben der Tasse.

Ä und E klingen ähnlich.

Du schreibst Ä, wenn es ein verwandtes Wort mit A gibt.

Beispiel: Hand ▶ Hände

33 Trage den fehlenden Buchstaben ein. Dann schreibe das verwandte Wort mit „a“.

die B_ä_lle — der Ball

die H___nde

die Schw___ne

die Gl___ser

die H___hne

die W___lder

die Kr___ne

34 Ergänze die fehlenden Buchstaben. Dann verbinde die Wörter, die zusammengehören.

ein R___d	viele Bl___tter
ein ___rzt	viele L___mmer
ein Bl___tt	viele R___der
ein S___ck	viele ___pfel
ein ___pfel	viele ___rzte
ein L___mm	viele ___ste
ein N___gel	viele S___cke
ein ___st	viele Z___hne
ein Z___hn	viele N___gel

35 Schreibe zu jedem Wort mit „a“ ein verwandtes Namenwort mit „ä“.

schlagen → Schläger

backen →

tanzen →

waschen →

fangen →

jagen →

lang →

kalt →

warm →

Schreibe die passenden Tunwörter mit „ä“.

wir graben, sie …

gräbt

wir tragen, sie …

wir fahren, sie …

wir schlafen, sie …

wir fangen, sie …

wir braten, sie …

wir lassen, sie …

wir waschen, sie …

wir fallen, sie …

wir halten, sie …

wir schlagen, sie …

wir wachsen, sie …

Wörter mit „äu“ haben verwandte Wörter mit „au“.

Beispiel: Maus ▶ Mäuse

37 Schreibe die Wörter in der Mehrzahl.
Achte auf au ▶ äu.

ein Traum und viele Träume

ein Haus und viele

eine Maus und viele

ein Baum und viele

ein Maul und viele

eine Faust und viele

eine Sau und viele

ein Zaun und viele

38 Schreibe zu jedem Wort ein Reimwort mit „äu“.

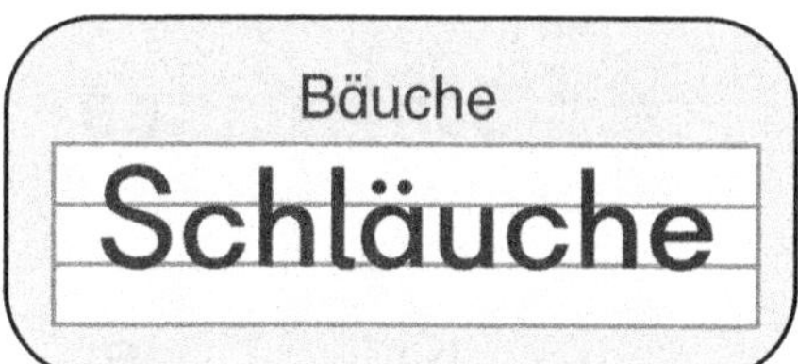

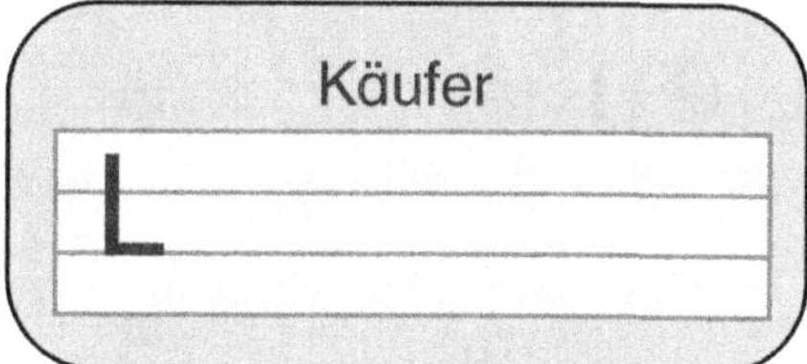

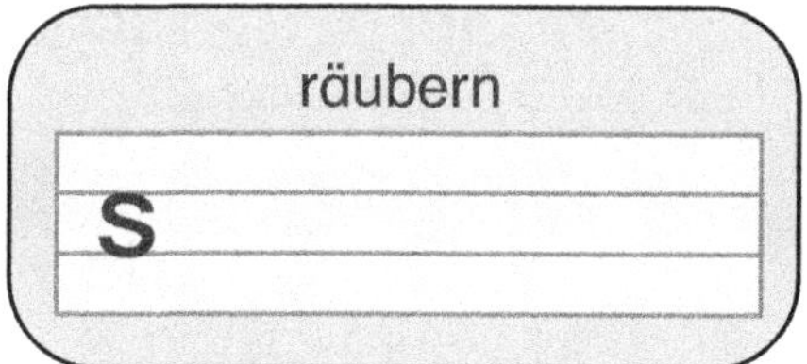

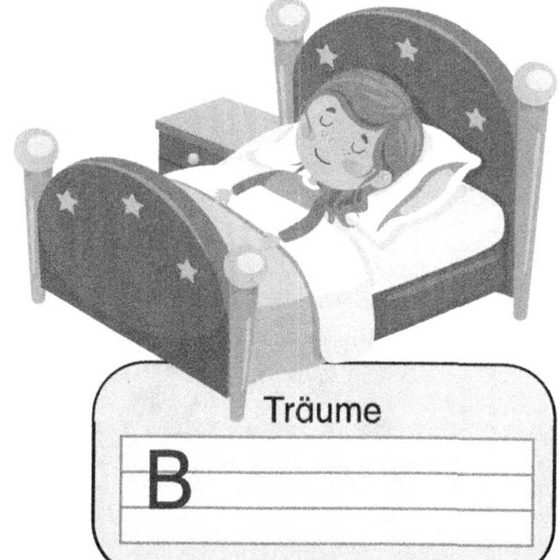

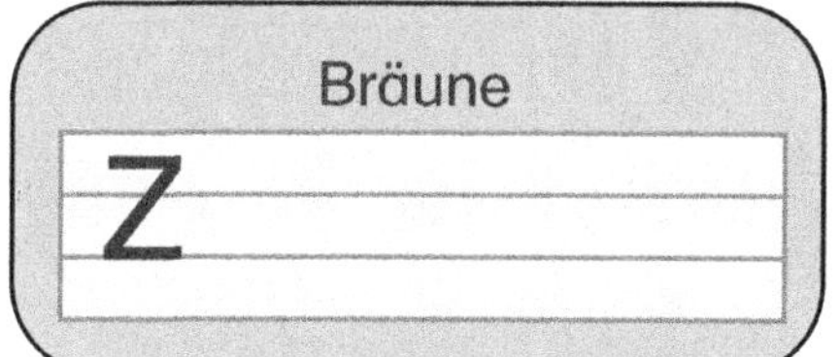

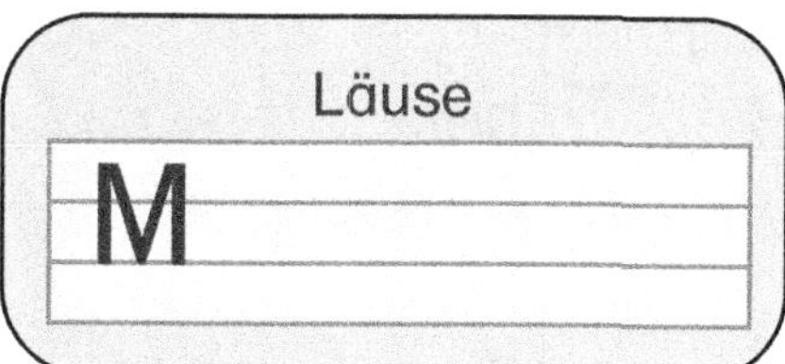

gräulich

bl

39 Setze „äu“ oder „eu“ ein. Denke daran: „äu“ nur bei verwandten Wörtern mit „au“.

L **eu** te	H ___ ser	Sch ___ ne
B ___ me	B ___ tel	Kr ___ ter
F ___ er	K ___ le	Ger ___ sch
h ___ te	B ___ che	Fr ___ de
		Verk ___ fer
		Fr ___ nd
		Str ___ cher
R ___ ber	___ ro	Geb ___ de
B ___ le	___ le	
R ___ me	n ___	
h ___ fig	tr ___	

Finde die Bildwörter im Suchsel. Kreise sie ein.

Keule

Einkäufe

Eule

Säugling

Räuber

Gebäude

Feuer

Bäume

Euro

Scheune

S	F	Ä	U	R	K	E	U	S	C	H	E
Ä	U	M	K	S	C	H	E	U	N	E	L
U	E	U	B	Ä	U	M	I	E	P	U	Z
G	U	B	Ä	U	L	E	N	L	I	N	G
A	R	Ä	U	G	D	U	K	B	F	G	Ä
O	B	U	B	L	V	R	Ä	U	B	E	R
W	Ä	M	E	I	H	G	U	K	I	B	U
E	U	E	R	N	K	R	F	E	T	Ä	Q
U	G	Ä	U	G	Ä	U	E	S	H	U	F
L	N	E	S	C	H	Ä	X	B	W	D	I
E	U	R	O	R	Ä	M	F	E	U	E	R
R	Ä	U	K	E	U	L	E	R	J	I	Y

Bei der Verkleinerungsform ändern sich die Selbstlaute.

a ▶ ä o ▶ ö
au ▶ äu u ▶ ü

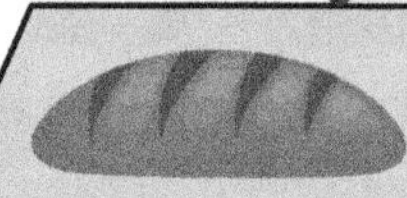

Brot + „chen“ = Brötchen

Schreibe die Verkleinerungsform. Achte auf die Umlaute.

Blatt	Blättchen
Hand	
Topf	
Hose	
Fuß	
Kuss	
Zaun	
Taube	

42 Verbinde ein Tier mit der Verkleinerungsform.

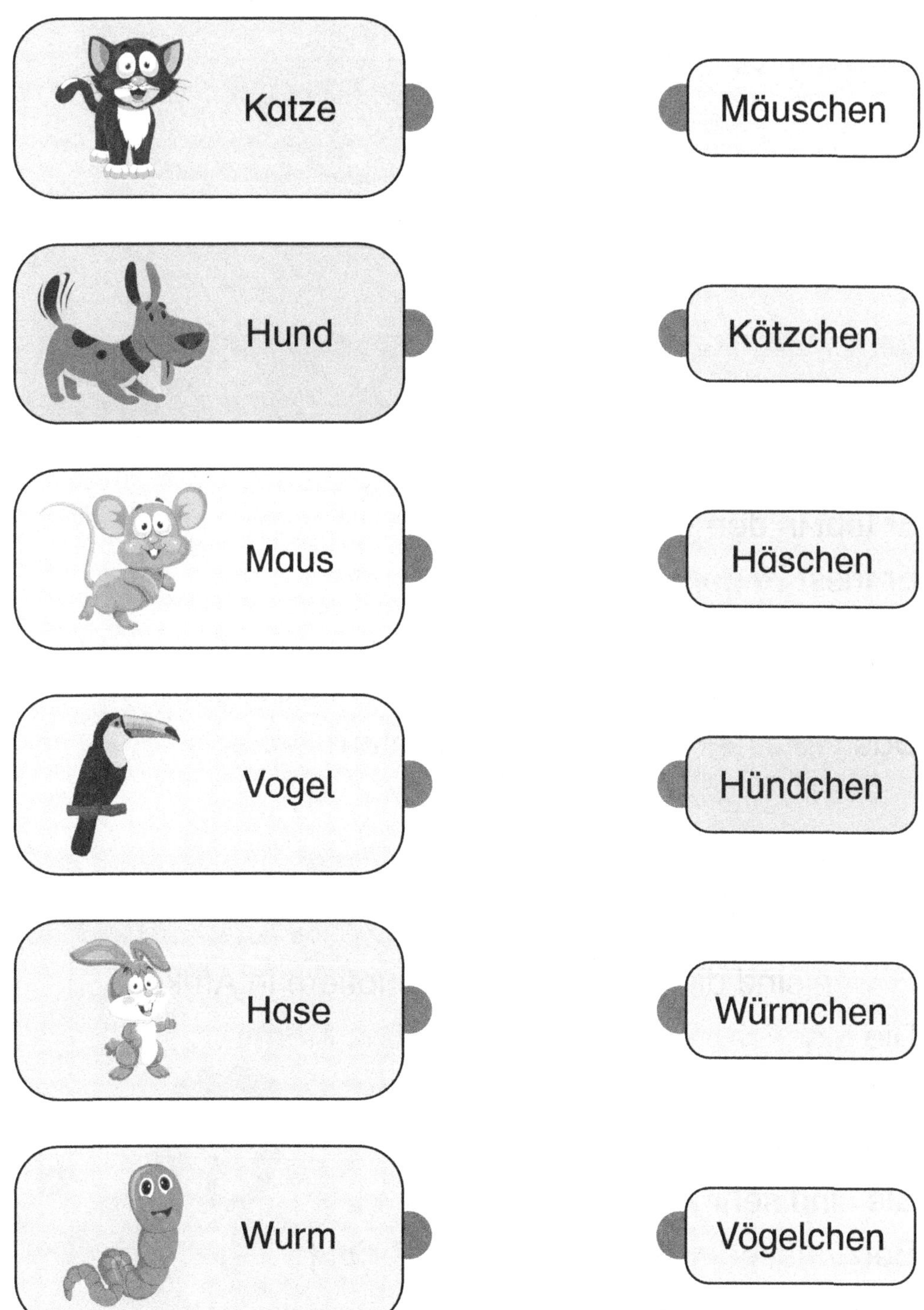

Wähle eine Diktatform
von den Seiten 18 und 19 aus.
Dann schreibe eines
der folgenden Diktate.

Die hellen Wörter sind die
Lernwörter des Kapitels.
Der „|“ steht für eine Diktierpause.

Der Grünspecht — 34 Wörter

Der Grünspecht | ist ein Vogel.
Er lebt in den Wäldern.
Er frisst Regenwürmer | und Früchte.
Sein Körper ist | grau und grün.
Die Männchen haben | kräftige roten Streifen.
Das Weibchen brütet | in fünf Metern Höhe.

Löwen in Afrika — 38 Wörter

Löwen sind die größten | Landraubtiere in Afrika.
Die Männchen haben | eine schöne Mähne.
Sie sind größer | als die Weibchen.
Löwen haben spitze Eckzähne.
Sie sind sehr kräftig.
Bei günstigem Wind | ist das Gebrüll |
viele Kilometer weit zu hören.

Die Puppenküche 30 Wörter

Puppenhäuser | haben viele Räume.
Etwa eine schöne | Puppenküche.
Diese hat Möbel | wie eine große Küche.
Es gibt Stühlchen, Lämpchen, |
Schälchen und Gäbelchen.
Da haben die hübschen | Püppchen viel zu tun.

Urlaub auf dem Bauernhof 28 Wörter

Sara macht Urlaub | auf dem Bauernhof.
Jeder Tag ist | ein neues Abenteuer.
Der Bauer bringt | Heu in die Scheune.
Die Bäuerin macht | ein Lagerfeuer.
Alle Leute freuen sich.

Der Räuber Rolf 38 Wörter

Heute will | der Räuber Rolf | fette Beute machen.
Im Uhrenladen raubt er | neun teure Uhren.
Er steckt sie | in seinen Beutel.
Der Verkäufer sieht den Raub.
Rolf flieht und | stößt an eine Säule.
Das gibt eine große Beule.

Endet ein Wort mit d oder t?
Mit g oder k? Mit b oder p?

Du hörst den richtigen Buchstaben mit der Mehrzahl.

Beispiel: Hun<u>d</u> ▸ Hun<u>d</u>e

43 Mit welchem Buchstaben endet das Wort? Schreibe erst die Mehrzahl, dann die Einzahl.

	Mehrzahl	Einzahl
Ber–	Berge	Berg
Die–		
Han–		
Kor–		
Zu–		
Sie–		
Bro–		
Hem–		

44 Endet das Wort mit „b“ oder „p“? Schreibe nicht die Einzahl, sondern die Mehrzahl.

Mikrosko– Mikroskope

Urlau–

Zauбersta–

45 Endet das Wort mit „d“ oder „t“? Schreibe nicht die Einzahl, sondern die Mehrzahl.

Seehun–

Astronau–

Flusspfer–

46 Endet das Wort mit „g“ oder „k“? Schreibe nicht die Einzahl, sondern die Mehrzahl.

Burg–

Ban–

Flugzeu–

47 Trage die Wörter an der richtigen Stelle in der Mehrzahl ein.

Fabrik • ~~Kalb~~ • König • Paket
Pferd • Schild • Typ • Zug

 Die Kinder von Kühen heißen 

.

 Im Bahnhof warten viele __________.

 In vielen Märchen gibt es __________.

 Susi erhält heute zwei __________.

Auf der Straße stehen __________.

 Handys stellt man in __________ her.

 Vor der Bank stehen seltsame __________.

 Tim und Tara reiten auf ihren __________.

48 Setze die Wörter in der Mehrzahl in das Rätsel ein. Tipp: Zähle die Buchstaben.

Schreibst du das Tunwort
mit b / p oder g / k oder d / t?

Du hörst den richtigen Buchstaben
mit der Grundform.

Beispiel: denkt ► denken

49 Bilde für jedes Tunwort die Grundform.

Max übt Gitarre.	üben
Die Eule fliegt.	
Uli trinkt Wasser.	
Rosa fängt den Ball.	
Die Ente quakt.	
Papa hupt.	
Vera liebt ihre Mama.	

50 Was machen die Kinder in der Schule? Schreibe das richtige Tunwort.

Fibi winkt ihrer Freundin.
(winken)

Timo ______ ein Geschenk.
(bringen)

Jan ______ an die Tafel.
(schreiben)

Elsa ______ ein Lied.
(singen)

Luis ______ Fußball.
(lieben)

Tilo ______ an Weihnachten.
(denken)

Mila ______ aus dem Karton.
(springen)

51 Verbinde ein Tunwort mit seiner Grundform.

liegt

fliegt

schiebt

lenkt

fliegen

liegen

lenken

schieben

schenken

geben

halten

siegen

hält

schenkt

siegt

gibt

52 Schreibe das passende Tunwort.

wir bleiben, du …

bleibst

wir werden, Lars …

wir fragen, Hanna …

wir danken, ich …

wir pumpen, ihr …

wir kriegen, du …

wir sagen, Luka …

wir heben, Bibi …

53 Kreise die Wörter im Suchsel ein, die du oben geschrieben hast.

M	K	S	A	G	B	L	E	I	B	S	T
F	R	A	G	T	P	F	R	A	G	A	H
S	I	G	U	S	U	D	A	N	S	G	E
H	E	B	S	T	M	P	U	M	P	T	B
D	G	W	I	R	P	K	R	I	E	G	L
A	S	G	D	A	N	K	E	S	T	I	E
N	T	K	E	S	T	F	R	W	I	R	D

Schreibst du das Wiewort
mit b / p oder g / k oder d / t?

Du hörst den richtigen Buchstaben,
wenn du das Wort verlängerst.

Beispiel: stark ► starke

54 Setze die 6 Wörter richtig in die Lücken ein.
Dazu musst du die Wörter verlängern.

~~gelb~~, giftig, rot, rund, stachelig, stark

Die gelbe Biene summt.

Der ______ Kugelfisch schwimmt.

Die ______ Schlange kriecht.

Der ______ Löwe brüllt.

Der ______ Marienkäfer fliegt.

Der ______ Igel läuft.

55 Schreibe zu jedem Bild das passende Wiewort.

gelb, gestreift, rot, ~~rund~~, salzig, sonnig

der … Fußball

runde

die … Pommes

die … Banane

die … Erdbeere

das … Zebra

die … Sonne

56 Schreibe das Gegenteil auf. Denke daran, die Wiewörter zu verlängern.

breit, fleißig, flink, ~~grob~~, hart, laut, richtig, schmutzig, stark, trüb, wild

feine und	grobe	Leberwurst
langsame und		Haustiere
leise und		Musik
klares und		Wasser
faule und		Bienen
schwacher und		Wind
weiche und		Matratzen
zahme und		Tiere
falsche und		Antworten
saubere und		Straßen
schmale und		Treppenstufen

57 Verlängere das Wort in Gedanken. Dann setze den fehlenden Buchstaben ein.

star k (g/k)	schlan (g/k)	klu (g/k)
tau (b/p)	gesun (d/t)	gu (d/t)
blö (d/t)		gel (b/p)
billi (g/k)		muti (g/k)
fes (d/t)		lie (b/p)
bun (d/t)	ständi (g/k)	lusti (g/k)
flin (g/k)	wichti (g/k)	blon (d/t)

Wortfamilie

Du hast gelernt, dass man „trinken“ mit „k“ schreibt.

Daher weißt du, dass man auch „Getränk“ mit „k“ schreibt.

58 Finde zu jedem Tunwort das passende Namenwort.

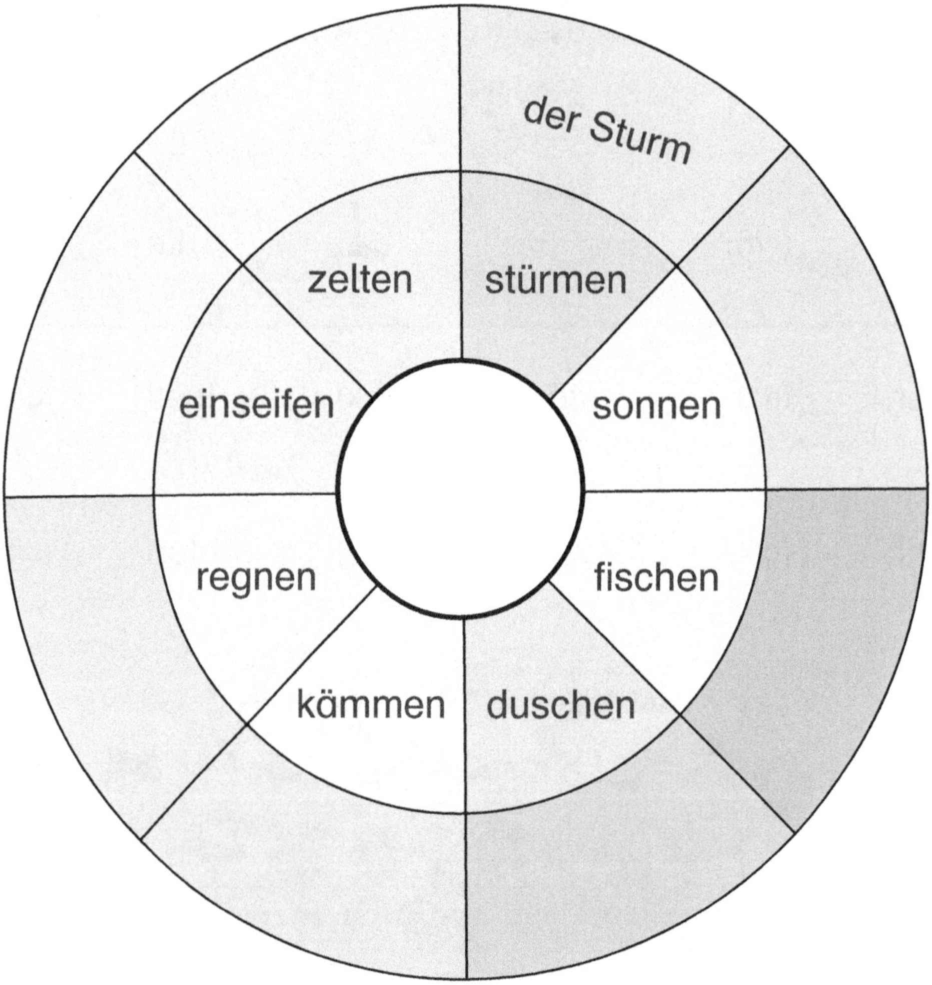

der Sturm

stürmen

sonnen

fischen

duschen

kämmen

regnen

einseifen

zelten

59 Setze die Tunwörter mit den Vorsilben „auf“ und „ab“ zusammen.

Tunwort	auf ...	ab ...
schreiben	aufschreiben	abschreiben
machen		
sagen		
holen		
drehen		
fahren		
blasen		
geben		
decken		
stellen		
fliegen		
springen		

60 Schreibe jedes Wort zur passenden Gruppe.

~~beenden~~, Brettspiel, endlich, Endspiel, Gelächter, Gesang, lachen, lächeln, Lachkrampf, Sänger, singen, spielen, Spieler, verspielt, vorsingen, Wochenende

„end“

beenden

„sing“

„lach“

„spiel“

61 Male immer 3 Wolken einer Wortfamilie in der gleichen Farbe an. Du brauchst 6 Farben.

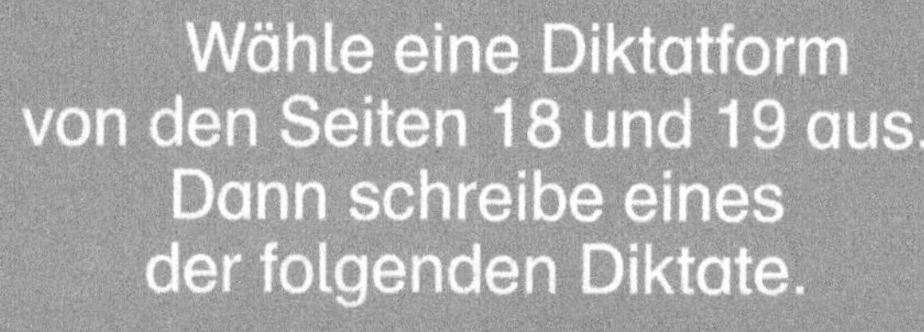

Wähle eine Diktatform von den Seiten 18 und 19 aus. Dann schreibe eines der folgenden Diktate.

Die hellen Wörter sind die Lernwörter des Kapitels. Der „|“ steht für eine Diktierpause.

Das Bad im See — 41 Wörter

Peter und Nino | zelten im Wald.
Nino sagt zu seinem Freund: | „Fang mich doch!“
Er rennt und | springt in den See.
„Ist das Wasser kalt?“, fragt Peter.
Nino fängt an zu frieren.
Schnell springt er heraus.
Das war ein kurzes Bad.

Übungssätze zur Auslautverhärtung — 42 Wörter

- die gelbe Schlange | auf dem schmutzigen Paket
- das kluge Kind | und die richtige Antwort
- das starke Pferd | und der lustige Hund
- der rote Magnet | in der flinken Hand
- der lange Zug | und der dichte Staub
- der kalte Tag | und die dunkle Nacht

Sonjas Urlaub

32 Wörter

Sonja und ihre Eltern | machen Urlaub.
Sie fliegen mit dem Flugzeug |
über viele Berge |
in ein fremdes Land.
Jeden Tag liegt | Sonja am Strand.
Sie badet im Wasser | und spielt im Sand.

Übungssätze zu Wortfamilien

34 Wörter

- In der eiskalten Kälte | erkälte ich mich.
- Der Läufer hat sich verlaufen.
- Ein Auto hält | im Halteverbot.
- Alex badet | im Schwimmbad.
- Der Zeigefinger zeigt | auf den Uhrzeiger.
- Das Fahrrad fährt | auf der rechten Fahrbahn.

Das sprechende Pferd

46 Wörter

Im Wald sprach ein Pferd | zu einem Räuber:
„Gib das geraubte | Gold zurück!“
Seit wann können | Pferde sprechen?
Der Räuber tat, | was das Pferd sagte.
Das Pferd eilte | mit dem Gold zur Burg.
Der König rieb | sich die Hände.
Seine Kinder hatten sich | als Pferd verkleidet.

Selbstlaute und Umlaute klingen kurz oder lang.

Vergleiche „Mut“ und „Mutter“.

62 Klingen die Selbstlaute und Umlaute kurz oder lang? Kreuze an.

	Kurz	Lang
Esel		X
Essig		
Sohn		
Sonne		
Hütte		
Hüte		
Wagen		
Wasser		
offen		
Ofen		

Eeeeee - sel

63 Sind die Selbstlaute und Umlaute lang oder kurz? Setze „–“ bei langen, Punkt bei kurzen.

Löwe: –
Topf: ·
Katze:

Kamm:
Kran:
Sofa:

Rabe:
Frosch:
Besen:

Bär:
Mund:
Ente:

Schule:
Koffer:
Wal:

Nach langem Selbstlaut folgt oft ein „h“.

Das Verbindungs-h hörst du,
wenn du das Wort verlängerst.
Beispiele: Kuh ► Kühe, sah ► sehen

Das Dehnungs-h hörst du nicht.
Solche Wörter lernst du auswendig.
Beispiele: Huhn, Zahl, sehr

64 Schreibe die Wörter mit Dehnungs-h in die richtige Reihe.

Bohne, ~~Fahne~~, gähnen, fühlen, wahr, wohnen

ah Fahne

ah

äh

oh

oh

üh

65 Setze die Wörter in das Rätsel ein. Tipp: Zähle die Buchstaben.

bezahlen, fahren, Gefahr, Huhn, ihm, ihn, ihr, Jahr, Lehrer, Mehl, nehmen, ohne, Ohr, Rohr, Sahne, sehr, Sohn, Stuhl, Uhr, zehn

M R Z O T Z J R U N M N

Schreibst du i oder ie ?

1. Hörst du am Ende der 1. Silbe einen i-Laut, dann schreibe „ie“. Beispiel: Lie - be

2. Hörst du am Ende der 1. Silbe einen Mitlaut, dann schreibe nur „i“. Beispiel: Win - ter

3. Hat das Wort nur eine Silbe, dann verlängere es. Beispiele: Dieb ► Die-be, fliegt ► flie-gen

66 Lies die Regeln links genau durch.
Dann schreibe die Wörter mit „i“ oder „ie“.

B – ne — Biene

Z – ge

P n – sel

Sp – gel

Z r – kus

67 Setze die Tunwörter in die ich-Form und in die er-Form.

	ich …	er …
spielen	spiele	spielt
filmen		
biegen		
singen		
lieben		

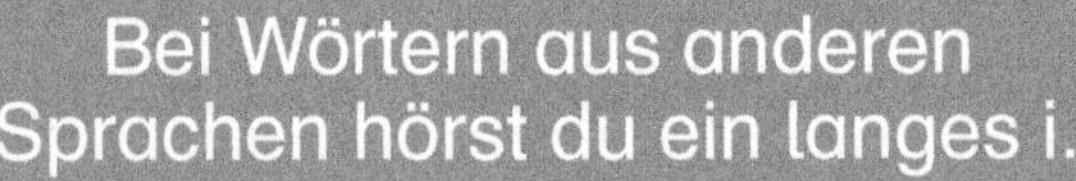

Bei Wörtern aus anderen Sprachen hörst du ein langes i.

Diese schreibst du nicht mit „ie“, sondern nur mit „i“.

Solche Wörter musst du dir merken.

68 Schreibe diese Wörter mit einfachem „i“. Merke sie dir.

April, Biber, Giraffe, Igel, Kino, Radio, Tiger

Lösungswort:

Hat ein Wort 3 oder 4 Silben,
und endet auf „ine",
dann schreibe ein einfaches „i".

Beispiele: Gardine, Lawine

69 Schreibe die Wörter ab. Merke dir, wie man sie schreibt.

Apfels–
Gard–
Sard–
Pingu–
Margar–
Pral–

ine

Masch–
Kab–
Law–
Mandar–
Delf–
Ru–

Apfelsine,

Ein „ß“ steht nur nach
langen Selbstlauten.
Beispiel: Fuß

Ein „ss“ steht nur nach
kurzen Selbstlauten.
Beispiel: Fluss

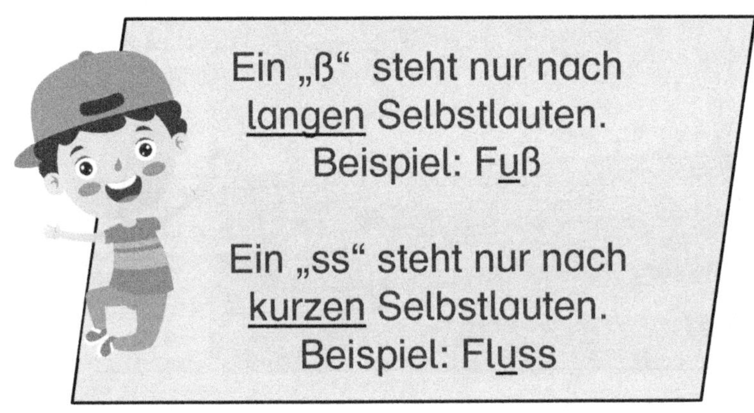

70 Schreibe die Bildwörter mit „ß“ oder „ss“.

Das Floß treibt auf dem Meer.

Das ______ gehört dem König.

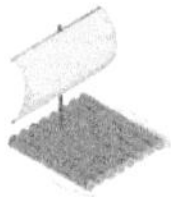

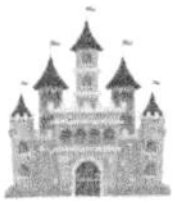

Die ______ führt zum Zirkus.

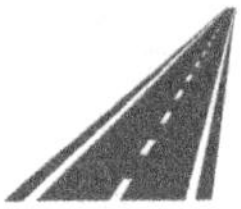

Der ______ besteht aus 26 Knochen.

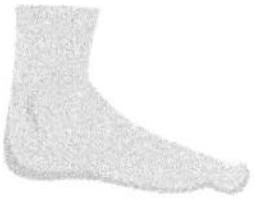

Das ______ ist sehr bequem.

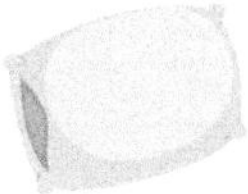

Der ______ passt zur Haustür.

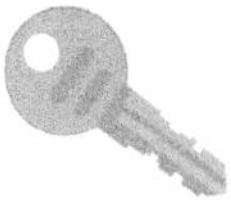

Der ______ liegt auf dem Grill.

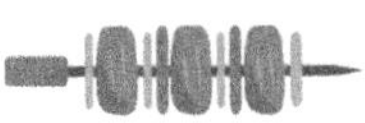

71 Schreibe die Reimwörter auf.

essen – fr

weiß – h

außen – dr

Fluss – K

heißen – b

Schweiß – Fl

72 Setze „ß“ oder „ss“ ein.

au ☐ en

So ☐ e

na ☐

Me ☐ er

Nü ☐ e

sü ☐

bi ☐ chen

Ri ☐

Se ☐ el

kü ☐ en

gro ☐

Ta ☐ e

Flei ☐

sto ☐ en

Schlu ☐

rei ☐ en

Strau ☐

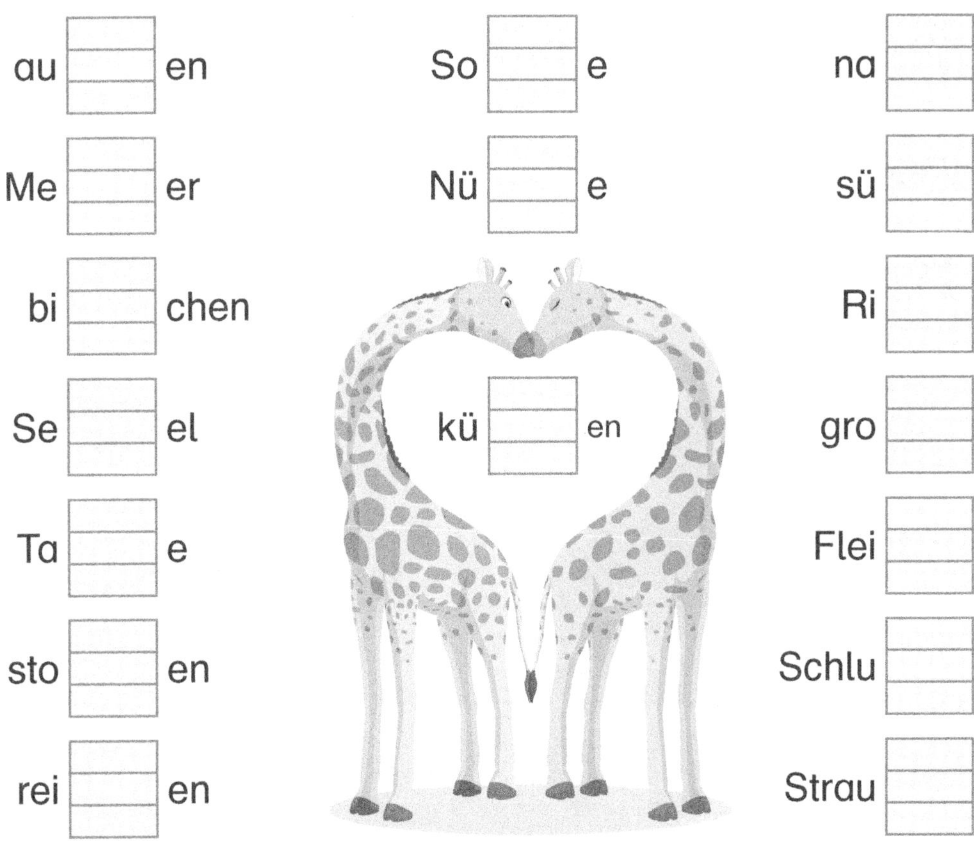

73 Ergänze die Wörter zur richtigen Liste.

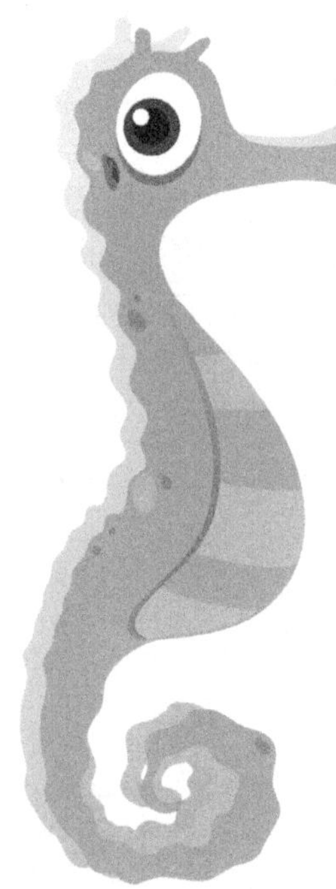

Seepferdchen • Haare • Idee

Aal • Erdbeere • Waage • Meer

Ehepaar • Saal • Seestern

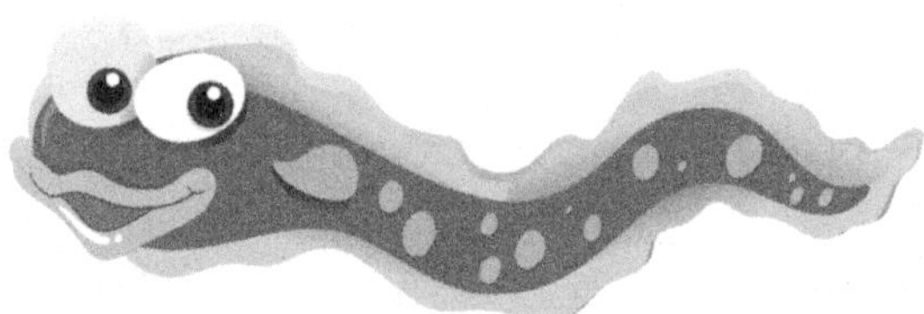

Wörter mit „aa“:

Haare,

Wörter mit „ee“:

74 Ergänze die Wörter zur richtigen Liste.

Boot • Moos • Schnee • Pool

Fee • See • Tee

Zoo • Speer

cool • doof

leer

Wörter mit „oo“:

Wörter mit „ee“:

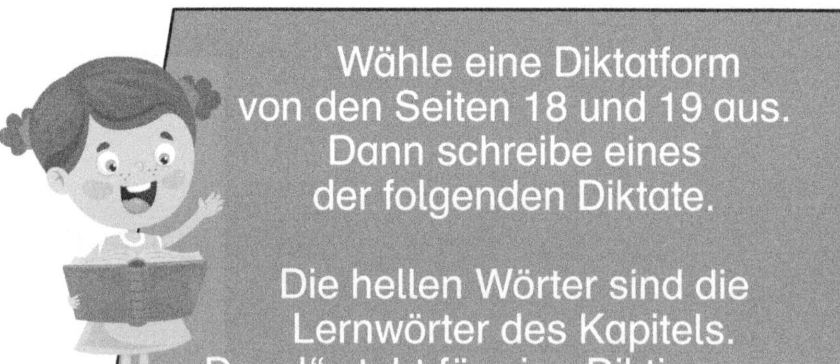

Frühling auf dem Bauernhof 35 Wörter

Im Frühling war | auf dem Bauernhof viel los.
Ein Truthahn | fraß eine Möhre.
Auch eine Kuh | nahm Nahrung zu sich.
Ein Fohlen spielte | mit einer Bohne.
Hahn und Huhn legten | ihre Ohren an ein Rohr.

Paula und der Riese 41 Wörter

Paula wollte das | Klavier verschieben,
doch es wog so viel | wie vier Ziegen.
Sie nahm ein Blatt Papier |
und schrieb einen Brief | an den Riesen.
Er wohnte hinter | den sieben Wiesen.
Der Riese kam am Dienstag |
und wollte ihr gerne dienen.

Die liebe Ziege 25 Wörter

Viele Tiere spielten | auf der Wiese.
Die Bienen | summten ihre Lieder.
Eine liebe Ziege | sank auf ihre Knie,
um an einer riesigen | Zwiebel zu riechen.

Das Pflanzenbeet 30 Wörter

Toni gießt fleißig | das große Pflanzenbeet.
Bald wird er | die süße Saat genießen:
Himbeeren und Johannisbeeren, |
Brombeeren und Preiselbeeren, |
Erdbeeren und Stachelbeeren.
Aus der Gießkanne muss | noch viel Wasser fließen.

Coole Tiere im Zoo 40 Wörter

Im Zoo gibt es | viele coole Tiere:
Giraffen, Tiger und Delfine, |
Aale, Biber und Pinguine.
Die Seelöwen küssen | nasse Küsse.
Flusspferde fressen | Fässer voller Nüsse.
Der Vogel Strauß | hat eine passende Idee:
Wie wäre es mit Kaffee, | Kuchen und Gelee?

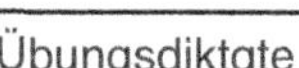

Schreibst du ein Wort
mit doppeltem Mitlaut?

Du hörst es, wenn du die Silben
klatschst. Beispiel: Som-mer

Einsilbige Wörter musst du
verlängern. Beispiel: Ball – Bäl-le

75 Finde die Doppellaute und kreise sie ein.

Sonne	Gewitter	Sommer	Schluss
Essen	Pommes	Zettel	Tasse
Kamm	Kuss	Klasse	Koffer
Bett	Hammer	Pullover	
Teppich	Puppe	Butter	
Hütte	Füller	Himmel	
Gummi	Mitte	Kissen	
Wolle	Fußball	Pizza	Lamm
Fluss	Wasser	Mutter	Wetter
		Teller	
		Zimmer	

76 Schreibe die Wörter der linken Seite in die richtige Liste.

Schreibe 8 Wörter mit „mm“:

Kamm,

Schreibe 8 Wörter mit „ss“:

Schreibe 8 Wörter mit „tt“:

77 Setze die Tunwörter in die ich-Form und in die er-Form.

	ich …	er …
kommen	komme	kommt
fallen		
gewinnen		
kennen		
essen		
sollen		
müssen		
können		

78 Schreibe die Reimwörter auf.

kennen – r – n

essen – m – verg

fassen – l – p

79 Verbinde die Silben zu einem Wort. Dann schreibe die Wörter.

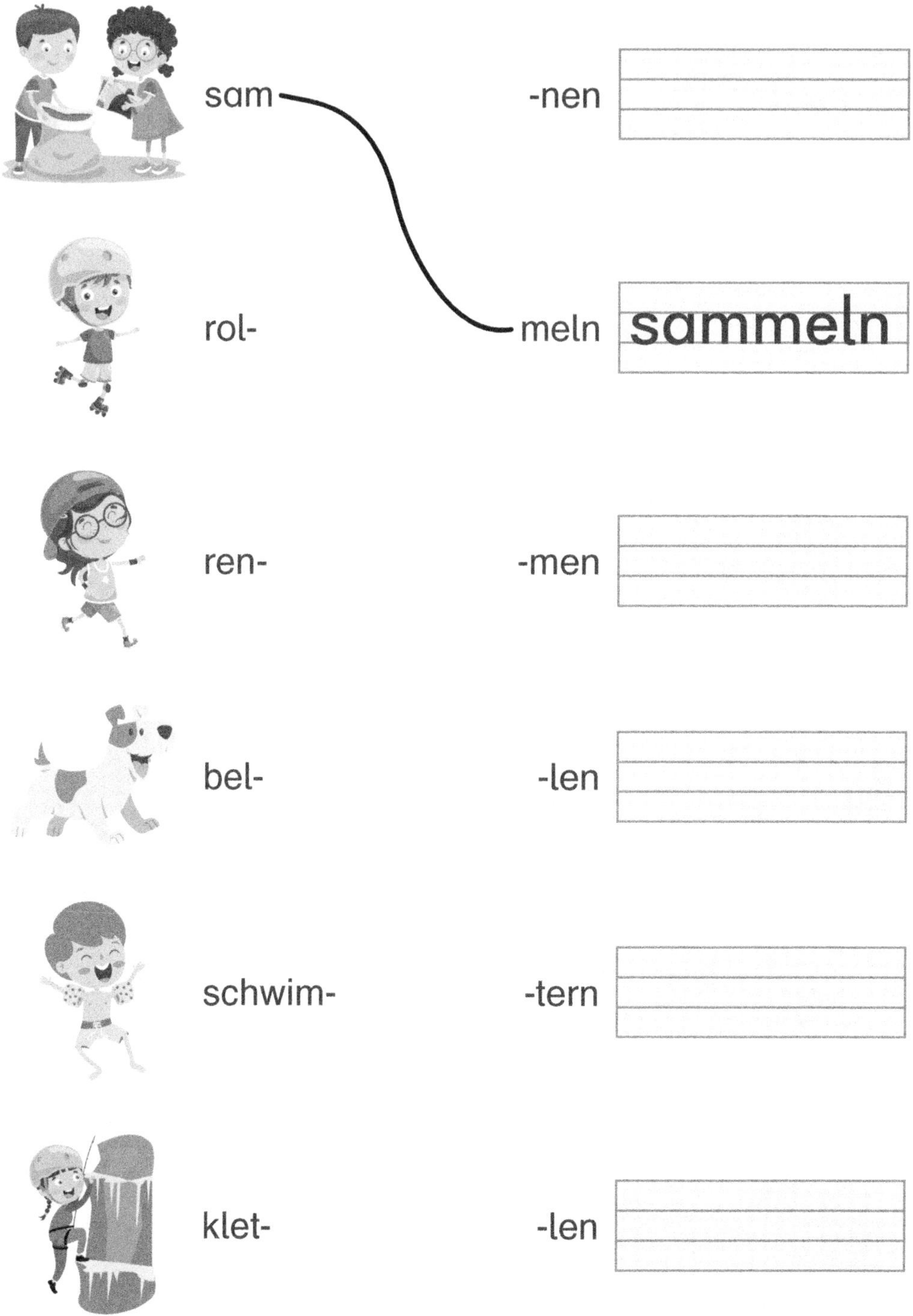

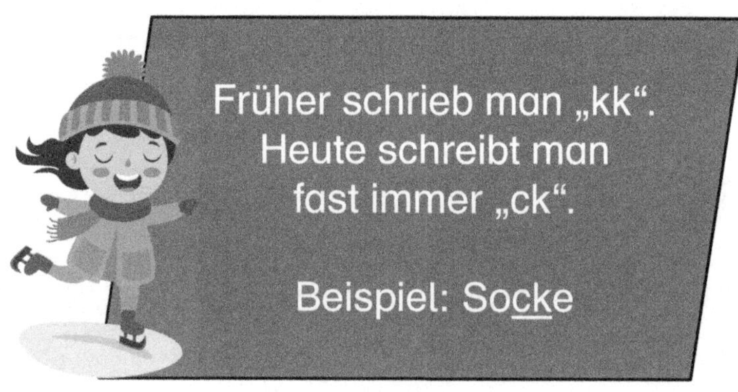

80 Das „ck“ steht nur nach kurzem Selbstlaut oder Umlaut. Setze „ck“ ein.

ba ☐ en	Glü ☐	Geodreie ☐
kni ☐ en	Ro ☐	
stri ☐ en	Tri ☐	
pflü ☐ en	Sto ☐	
gu ☐ en	di ☐	
schi ☐ en	Fle ☐	
drü ☐ en	Blo ☐	
pa ☐ en	Schlu ☐	Heuschre ☐ e

81 Die Buchstaben sind durcheinander geraten. Schreibe die Wörter mit „ck“ auf.

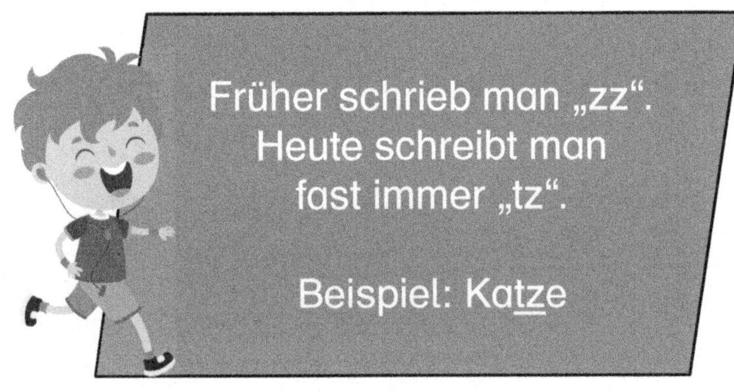

82 Das „tz“ steht nur nach kurzem Selbstlaut oder Umlaut. Setze „tz“ ein.

kra ___ en

je ___ t

bli ___ en

pu ___ en

le ___ e

schü ___ en

plö ___ lich

tro ___ dem

Wi ___

Sa ___

spi ___

Ne ___

Bli ___

Si ___

Pla ___

Gese ___

Ka ___ e

Kra ___ baum

83 Finde die Bildwörter im Suchsel. Kreise ein.

S	C	H	L	A	K	R	H	G	L	U	M
P	M	A	T	R	S	P	I	T	Z	A	L
F	A	M	Ü	N	P	M	T	Z	W	S	M
Ü	L	A	K	R	I	T	Z	E	Ä	C	Ü
T	B	T	S	P	T	O	E	G	T	H	T
Z	E	R	E	T	Z	E	T	Z	V	A	Z
G	L	A	T	Z	E	H	S	P	A	T	Z
E	Q	T	Z	F	R	U	I	F	P	Z	E
H	I	Z	E	S	C	H	M	Ü	T	E	R
Ü	D	E	L	M	K	T	Z	T	Z	J	Ö
R	T	Z	F	B	L	I	T	Z	T	L	A
K	M	A	T	R	A	O	Y	E	Z	T	Z
E	X	M	Ü	T	Z	E	S	U	Ü	Z	E

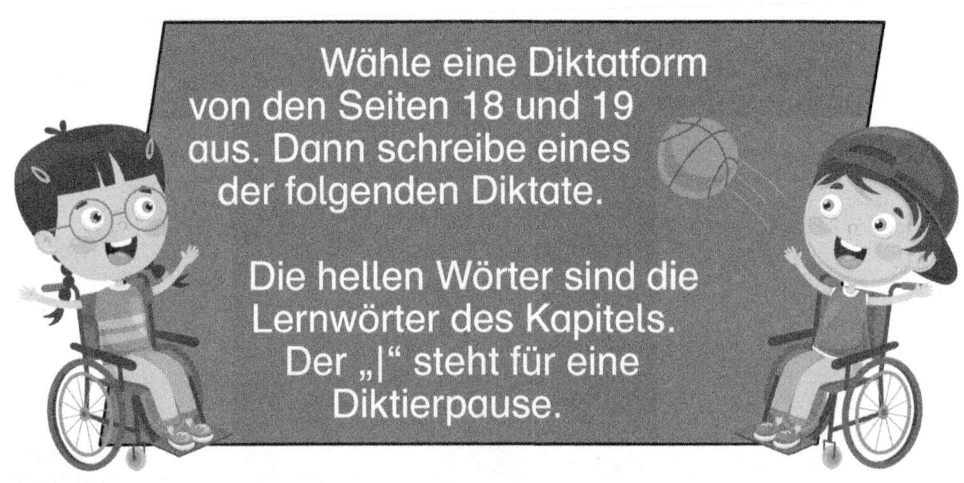

Übungssätze zur Mitlautverdopplung

33 Wörter

Der Affe klettert den Baumstamm hoch.
Der Bagger buddelt einen Tunnel.
Otto soll eine Brille bekommen.
Die Männer essen mit viel Appetit.
Anna und Bella rennen um die Wette.
Die Klapperschlange schwimmt stumm.

Die Klassenfahrt

35 Wörter

Von Mittwoch bis Sonntag | fährt die Klasse 2a
auf Klassenfahrt. | Der Bus rollt los.
O Jammer, ein Gewitter! | Es blitzt und donnert überall.
Alle werden nass.
Zum Glück scheint
dann am Nachmittag
wieder die Sonne.

Die Überraschung 44 Wörter

Luka muss den Tisch decken | für das Abendessen.
Heute fallen | die Gabeln und die Messer weg,
denn sie brauchen nur Löffel
für die Kartoffelsuppe.
Luka grollt.
Er will lieber Spaghetti
oder Pommes.
Nach dem Essen bringt Lukas Mutter
eine tolle Überraschung: | Pizza für alle.

Der verrückte Gockel 26 Wörter

Au Backe! | Der verrückte Gockel
rennt um die Ecke, | knickt um und
steckt mit einem | Ruck im Dreck.
Zum Glück gibt es | nur ein paar Flecken.

Die flitzende Katze 34 Wörter

Wie ein Blitz | flitzt die Katze | zum Kratzbaum.
Sie wetzt sich | die spitzen Tatzen.
Plötzlich schwitzt sie | in der Hitze.
Sie ist zu schnell gehetzt.
Ein Spritzer aus einer Pfütze
würde ihr jetzt nützen.

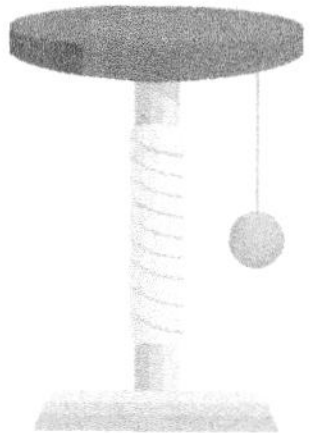

84 Schreibe die Bildwörter. In jedes Kästchen kommt ein Laut.

| M | I | _ | _ _ |

| T | _ | _ _ _ |

| K | _ | _ _ | _ | _ |

| F | _ | _ | _ _ _ |

| B | _ | _ _ | _ | _ |

| _ _ _ | A | _ _ | T | E | L |

85 Verbinde richtig. Dann schreibe das Wort.

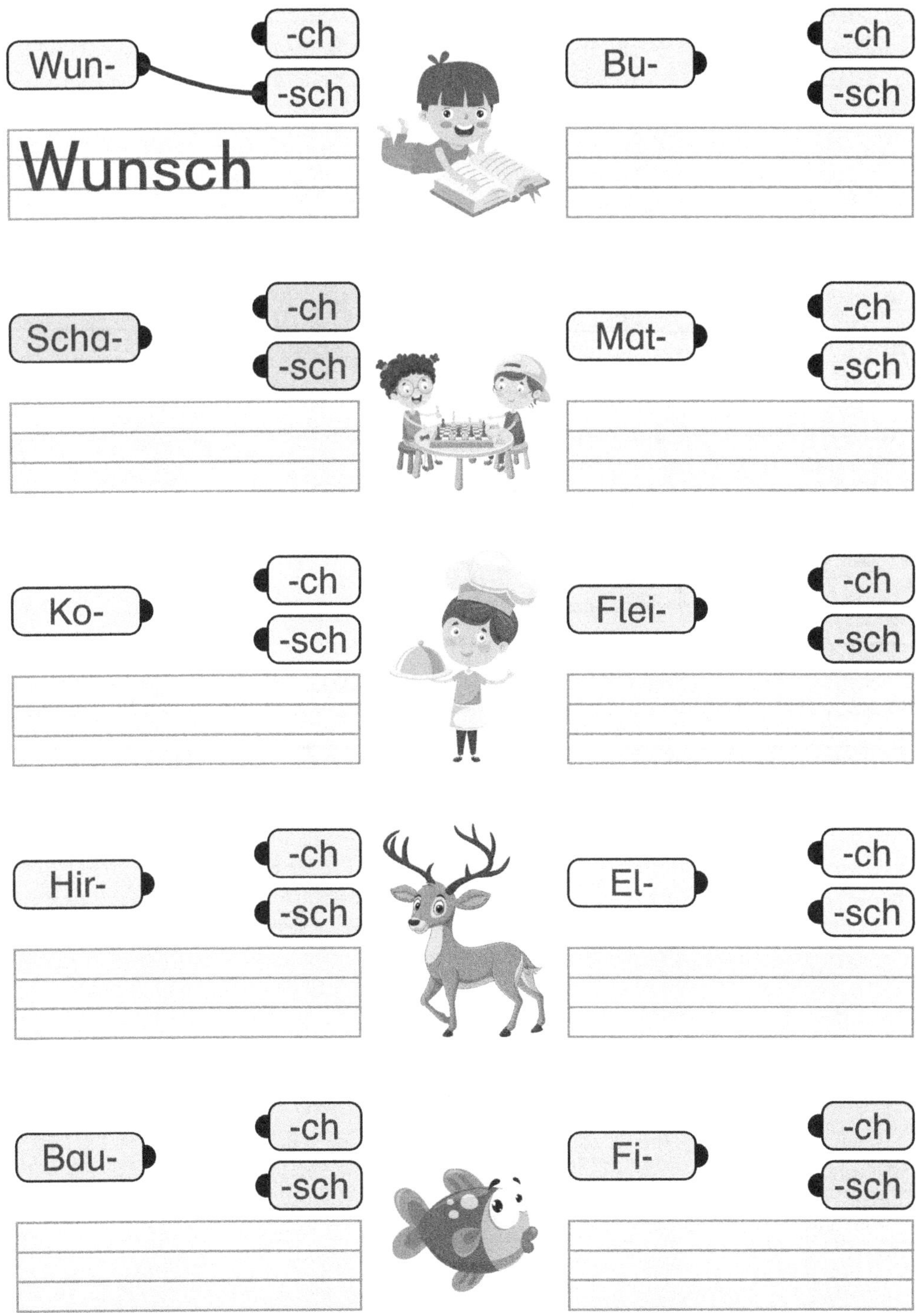

86 Schreibe die Wörter mit Sp / sp oder St / st ab.

Ends–iel	Frühs–ück	s–ark	S–rung
S–urm	s–ät	s–ielen	s–arten
s–itz	S–ucke	s–aunen	S–ück
s–immt	s–ellen	Ges–enst	S–ur

Endspiel,

87 Schreibe die Wörter mit „Sp“ oder „St“ ab.

S–adion

Stadion

S–ange

S–empel

S–itzer

S–ern

S–uhl

S–echt

S–orch

S–adt

S–iegel

88 Setze „chs“, „x“ oder „y“ ein.

Bü chs e	He ___ e	Fu ___
Tedd ___ bär	We ___ el	Pon ___
Eide ___ e	bo ___ en	fi ___
Ta ___ i	Mi ___ er	Hand ___
G ___ ros	O ___ e	La ___
e ___ tra	Te ___ t	Hobb ___

89 Schreibe die Wörter der linken Seite in die richtige Liste.

Wörter mit „chs“:

Büchse,

Wörter mit „x“:

Wörter mit „y“:

90 Ergänze „Ei“, „ei“ oder „ai“.

91 Schreibe die Wörter der linken Seite ab – aber nur die 7 Wörter mit „ai".

92 Finde die Wörter der linken Seite – aber nur die 13 Wörter mit „ei". Kreise sie ein.

P	Z	M	H	U	M	E	K	F	X	S	L	R
U	T	E	I	L	H	W	R	E	L	E	I	S
L	O	I	G	E	M	A	U	K	Ä	I	E	I
E	I	N	G	I	A	E	I	S	A	T	Z	E
I	D	T	E	S	F	I	R	E	I	A	E	T
C	E	I	B	E	I	N	Q	K	L	E	I	N
H	U	V	E	A	I	H	M	R	D	I	T	K
K	L	E	I	D	A	O	U	E	Y	T	E	M
U	C	H	S	A	F	R	E	I	T	A	G	E
E	I	N	P	T	L	N	T	S	O	G	E	I
B	R	E	I	T	E	H	K	L	E	I	B	S
Z	B	J	E	B	F	E	I	H	R	E	I	T
N	K	S	L	E	I	C	H	T	F	E	I	L

Ergänze „ng“ oder „nk“. Manchmal hilft es, die Wörter zu verlängern (Ring ► Ringe).

Kä ___ uru	Schra ___ e	Sti ___ tier
Fi ___ er	Flami ___ o	Ba ___
Le ___ er	Schla ___ e	Zu ___ e
Pi ___ uin	Gesche ___	He ___ el
A ___ er	Zeitu ___	Ri ___

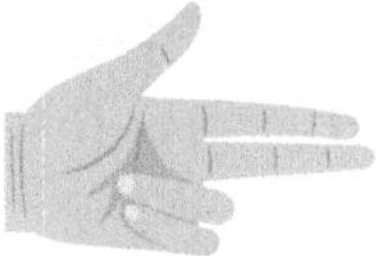

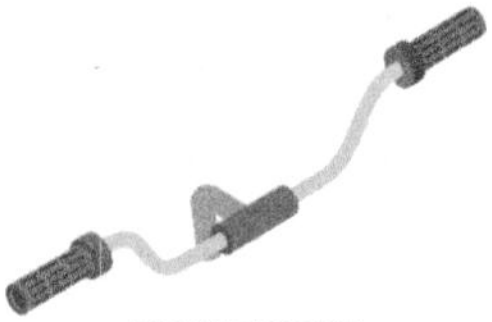

94 Schreibe die Wörter der linken Seite in die richtige Liste.

95 Schreibe die Wörter mit „Pf“ oder „pf“.

96 Löse das Rätsel mit den Wörtern von oben. Dann erhältst du ein Lösungswort.

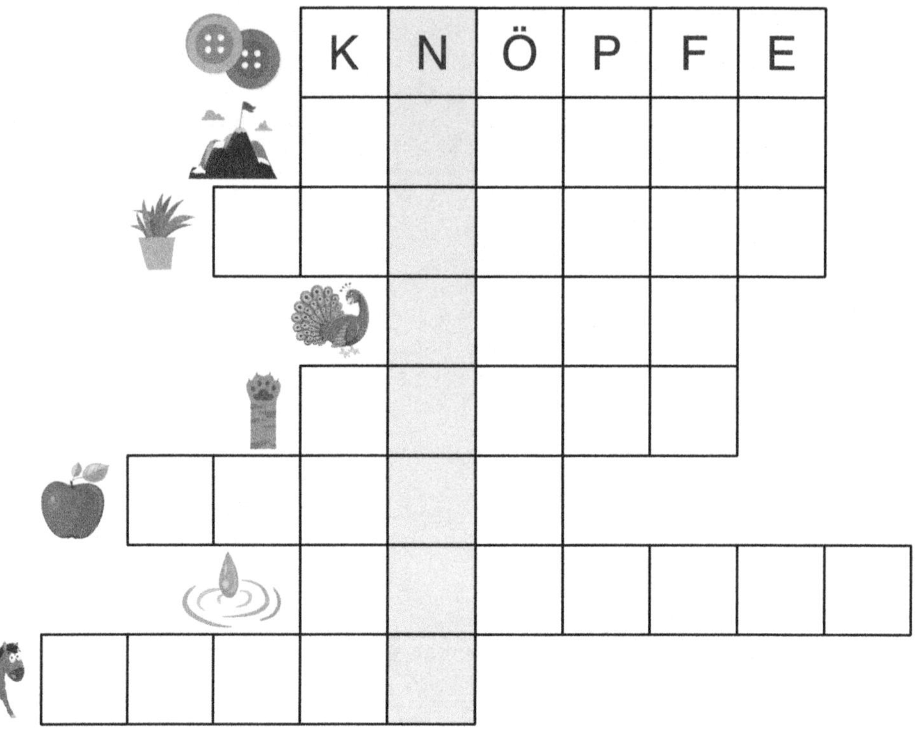

97 Schreibe zu jedem Wort ein Reimwort mit „pf“ auf. Achte auf die Groß- und Kleinschreibung.

Du hörst
„kw“,

aber du schreibst
„qu“.

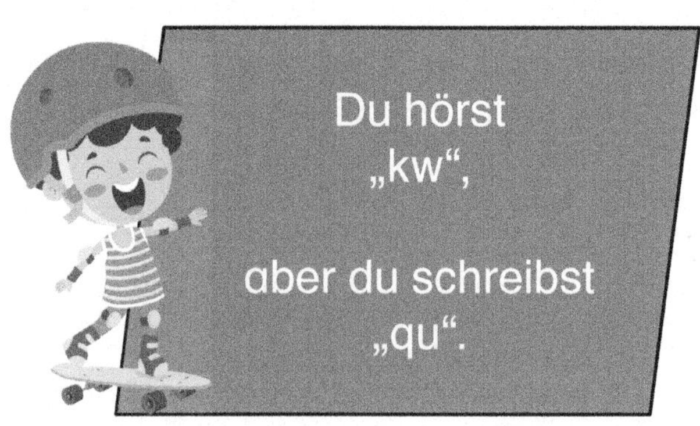

98 Ergänze „Qu“ oder „qu“. Dann verbinde das Wort mit dem richtigen Bild.

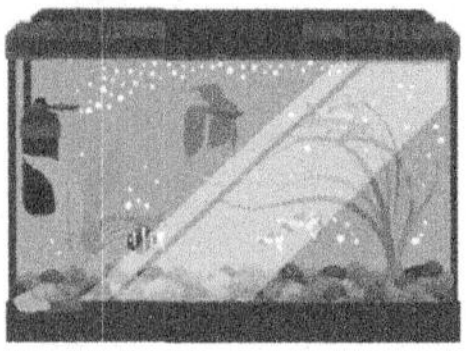

Qu adrat

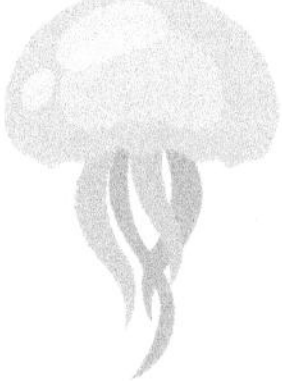

A ___ arium

___ alle

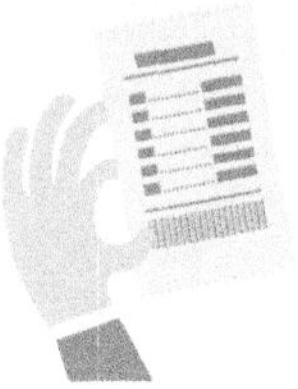

Kaul ___ appe

___ elle

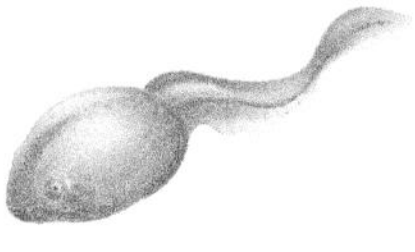

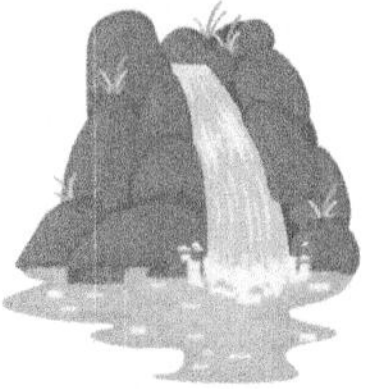

___ ittung

99 Folge den Linien, um 9 Wörter mit „qu“ zu bekommen. Schreibe diese Wörter auf.

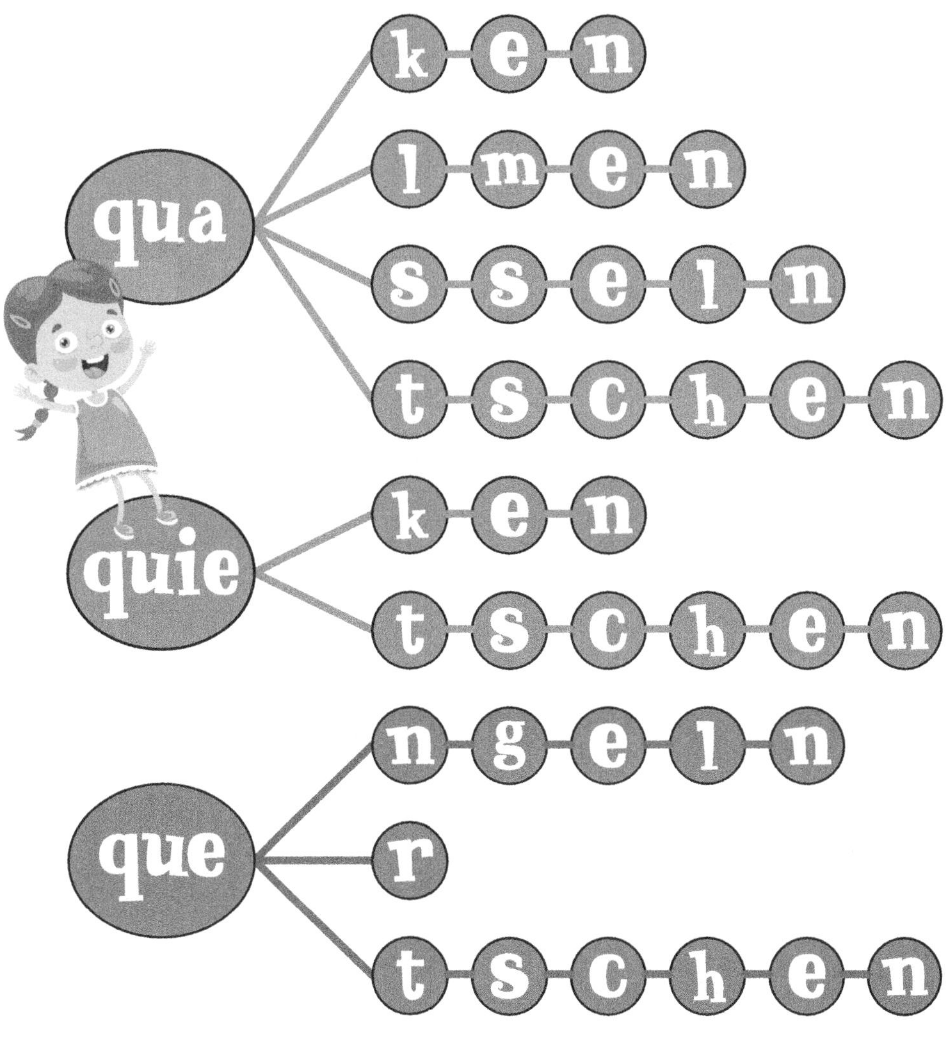

quaken,

100 Beginnen die Wörter mit „F“ oder „V“? Schreibe die Wörter in die richtige Liste.

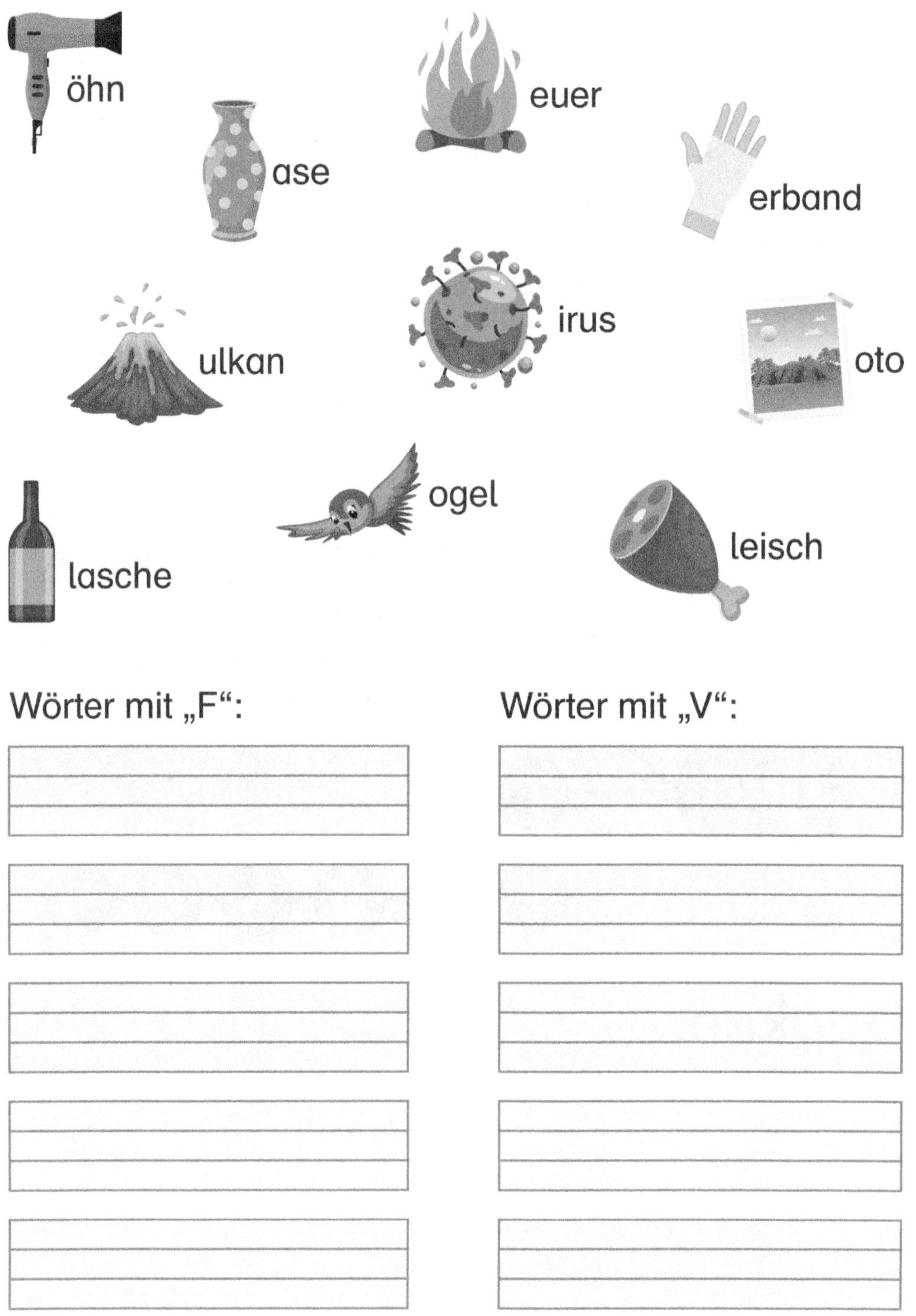

101 Die Buchstaben sind durcheinander geraten. Schreibe die Wörter mit „f“ oder „v“ auf.

102 Trenne die Wörter in 2 Silben, um das „r“ hörbar zu machen.

Birne: Bir - ne

Erde: ____ - ____

Arme: ____ - ____

Würfel: ____ - ____

Türme: ____ - ____

Bärte: ____ - ____

Pferde: ____ - ____

103 Sprich zu jedem Tunwort die Grundform, und höre das „r“. Dann schreibe das Wort.

er darf – wir dürfen

er hört – wir

er lernt – wir

er wirft – wir

er turnt – wir

er färbt – wir

er spart – wir

er wird – wir

104 Ergänze „a“ oder „er“.

Helikopt **er**	Roll ___
Schnull ___	Fenst ___
Kopfhör ___	Pizz ___
Pand ___	Weck ___
Hamburg ___	Fed ___
Mülleim ___	Leit ___
Pflast ___	Löch ___
Fernseh ___	Sof ___

105 Trage „el“, „en“ oder „er“ ein.

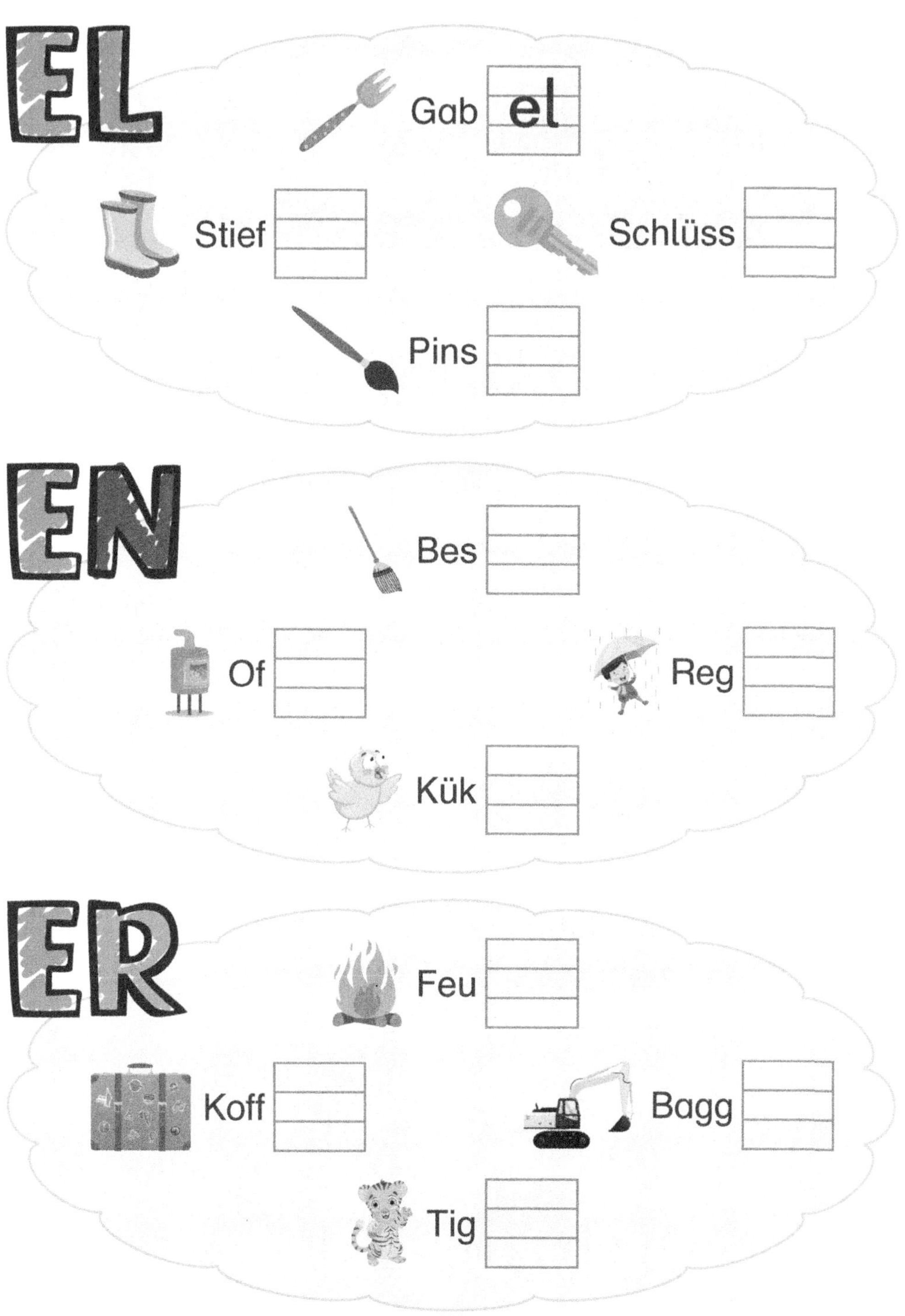

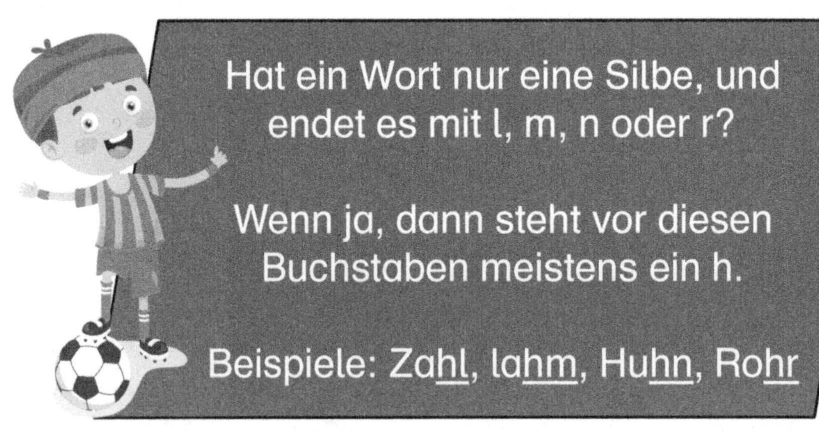

106 Setze hl, hm, hn oder hr ein.

Za **hn**	Ro ___	Ko ___
ho ___	Fö ___	me ___
Stra ___	Ru ___	za ___
Hu ___	kü ___	wa ___

Das stumme h, das freut uns sehr,
steht meist vor l, m, n und r.

107 Schreibe jedes Wort zur passenden Gruppe.

Bahn, Hahn, Jahr, ~~Mehl~~, Ohr,
Ruhm, Sohn, Stuhl, Uhr, Wahl,
Zahl, ihm, lahm, sehr, zahm, zehn

„hl“

Mehl

„hm“

„hn“

„hr“

Wähle eine Diktatform
von den Seiten 18 und 19 aus.
Dann schreibe eines der folgenden
Diktate.

Die hellen Wörter sind die
Lernwörter des Kapitels.
Der „|“ steht für eine Diktierpause.

Der Schneemann

36 Wörter

Die Sonne schien, | aber es schneite.
Schnell lagen die Schaukel
und die Rutsche | unter dem Schnee.
Ein Mädchen baute | mit einer Schaufel
einen Schneemann. | Sie kicherte und lachte.
Zu ihrer Überraschung sah er | dem Nachbarn ähnlich.

Übungssätze zu ei und ai

42 Wörter

Der Weihnachtsmann verteilt | einige feine Geschenke.
Der Flaschengeist reimt | zwei oder drei Zeilen.
Ein Einhorn mit Schleife | erscheint bei Mainz.
Kai fährt Kreise | auf einem Dreirad.
Die Ameisen verspeisen die Weintrauben.
Die Polizei fängt | den kleinen Einbrecher.
Der Kaiser reitet im Mai.

Das Endspiel 42 Wörter

Endspiel im Stadion. | Max ist ein starker Spieler,
der im Sturm spielt. | Kurz vor Spielende
steht es Unentschieden.
Ein anderer Spieler | springt auf ihn.
Max spürt einen Stoß | an seinem Schuh.
Er stolpert. Stopp! | Es gibt Freistoß.
Max startet und schießt. Tor!

Viktor, der Vampir 32 Wörter

Viktor ist ein Vampir. | Er lebt mit seinem Vater
und vierzig Vögeln
auf dem Gipfel eines Vulkans.
Viktor ist verliebt.
Vorgestern, | am 1. November,
spielte er Violine für Vivi. | Sie war verzückt.

Übungssätze zu -el, -en und -er 44 Wörter

Die Schwestern besuchen | im Oktober ihren Onkel.
Die Bienen fliegen | über die grünen Wiesen.
Die Affen versuchen | einen Drachen zu fangen.
Im Garten wachsen | Bohnen und Zitronen.
Die Elefanten finden | sieben Pinsel und malen Bilder.
Die beiden Brüder packen | ihre Koffer für den Sommer.

108 Schreibe zu jedem Bildwort mit „a“ die Mehrzahl mit „ä“.

Regel auf Seite 34

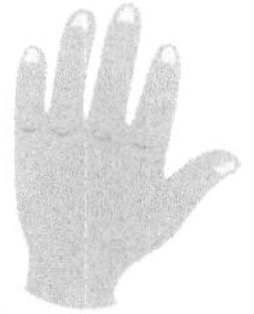

H ☐ nde

☐ pfel

S ☐ cke

☐ rzte

W ☐ lder

☐ ste

109 Schreibe zu jedem Bildwort mit „au“ die Mehrzahl mit „äu“.

Regel auf Seite 38

H ☐ ser

M ☐ se

S ☐ e

F ☐ ste

Z ☐ ne

B ☐ me

110 Schreibe zu jedem Bildwort die Mehrzahl.

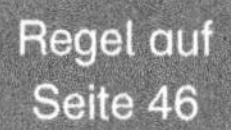

Pfer ☐ e

Käl ☐ er

Bro ☐ e

Stä ☐ e

Köni ☐ e

Bur ☐ en

Schreibe zu jedem Tunwort die Grundform.

Regel auf Seite 50

er hält, wir …

er gibt, wir …

er kriegt, wir …

er denkt, wir …

er wird, wir …

er hupt, wir …

112 Setze „i“ oder „ie“ ein.

Regeln ab Seite 68

L ☐ d

Klav ☐ r

St ☐ ft

Apr ☐ l

Sp ☐ nne

Sard ☐ ne

113 Setze „ß“ oder „ss“ ein.

Regel auf Seite 72

Flo ☐

Stra ☐ e

Walnu ☐

Ta ☐ e

Strau ☐

Me ☐ er

114 Setze doppelte Mitlaute ein.

Regel auf Seite 78

Gita ☐ e

Ha ☐ er

Bri ☐ e

A ☐ e

Karo ☐ e

Lö ☐ el

115 Setze „ck“ oder „tz“ ein.

Regeln ab Seite 82

Ka ☐ e

Da ☐ el

We ☐ er

si ☐ en

Mü ☐ e

pu ☐ en

116 Du hörst „sch-p“, schreibst aber „sp“. Regel auf Seite 90

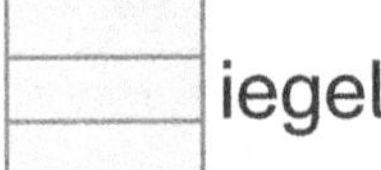
iegel

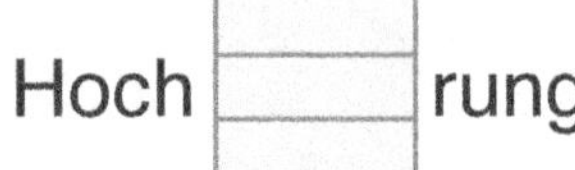
Hoch ___ rung

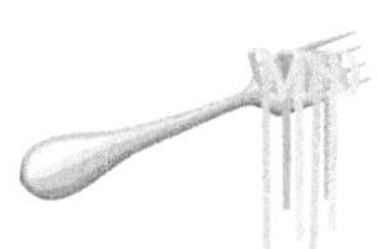
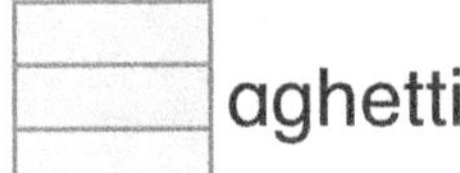
aghetti

Bunt ___ echt

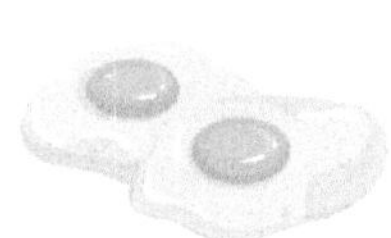

iegelei

Ge ___ enst

117 Du hörst „sch-t“, schreibst aber „st“. Regel auf Seite 90

all

adt

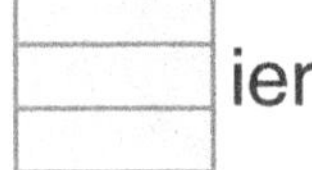
ier

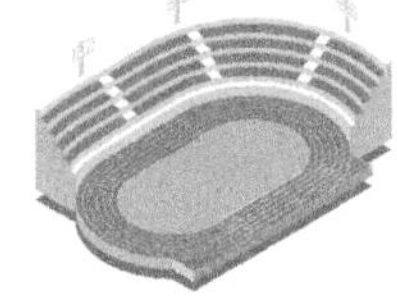
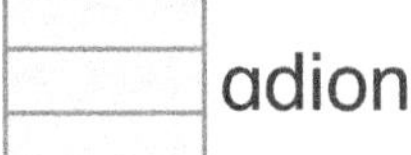
adion

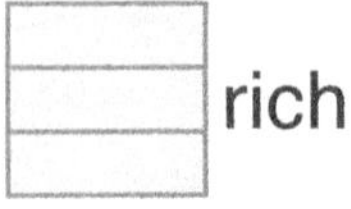
rich

___ ecker

118 Du hörst am Ende eines Wortes ein „a“, schreibst aber meist „er“.

Regel auf Seite 106

Bib

Jäg

Eim

Maur

Adl

Räub

119 Schreibe das Wortende.

Regel auf Seite 108

Fö

Hu

Stu

U

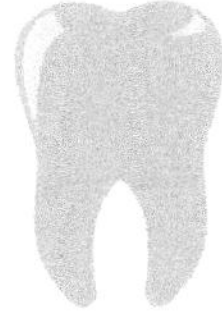

Za

O

Lösungen

1

2

- Oben: Löwe, Küken
- Unten: Schwein, Raupe

3

Pirat, Baum, Rabe, Hut,
Wal, Burg, Maler, Rose,
Palme, Jäger, Pferd, Käse

4

- Menschen: König, Räuber, Koch
- Tiere: Biene, Elch, Möwe
- Pflanzen: Ahorn, Kaktus, Pilz
- Dinge: Scheune, Stuhl, Mütze

5

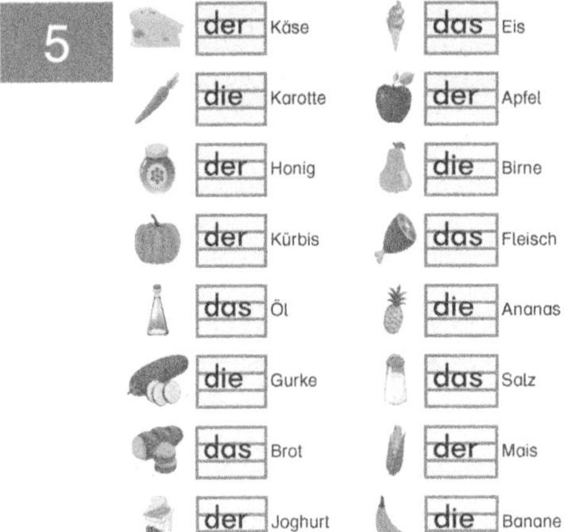

6

ein Auge, ein Daumen, ein Fuß,
eine Hand, ein Mund, eine Nase,
ein Ohr, eine Zunge

7

• der Hase	• die Hasen
• das Pferd	• die Pferde
• das Pony	• die Ponys
• der Esel	• die Esel
• der Löwe	• die Löwen
• das Ferkel	• die Ferkel
• der Elch	• die Elche
• die Mücke	• die Mücken

8

Von oben nach unten:
Hotels, Banken, Häuser, Türme, Iglus,
Schulen, Windmühlen, Pyramiden

9

Kopfball, Kopfsalat, Kopfkissen,
Kopfhörer, Kopfstand, Kopfläuse,
Kopfrechnen, Kopfnicken

10

11

Von oben nach unten:
fliegen, schießen, tanzen, fegen, reiten,
fahren, baden, streicheln

12

der schnelle Tiger, die warme Sonne,
das kleine Pony, der süße Kuchen,
die langsame Schildkröte,
das weiche Kissen, die fleißige Biene

13
- Katzen sind beliebte Haustiere.
- Es gibt sie auf der ganzen Welt.
- Sie leben mit uns zusammen.
- Sie streunen gerne über Wiesen.
- Manchmal fangen sie eine Maus.

14
- Wie jagen Katzen?
- Sie nutzen ihre Krallen.
- So können sie sogar kratzen!
- Welche Laute machen Katzen?
- Sie miauen und gurren.

15 Lese- und Lernaufgabe

16 Lese- und Lernaufgabe

17 Lese- und Kennenlernaufgabe

18

Hahn | Hase

Hamster | Hai

19 Hafen, Hafer

20 Held, Helm

21 häkeln, hängen

22 1: Auto, 2: Bus, 3: Kanu, 4: Rad

23 1: Kamm, 2: Kerze, 3: Kissen, 4: Koffer

24 1: Huhn, 2: Hund, 3: Hupe, 4: Hut

25

26 Von oben nach unten: Schluss, wieder, immer, stellen, Arzt

27 bald, dann, spielt, zurück, wir, groß, nehmen, ließ, einmal, sehen, sieht, fallen, Straße, kommt, bekommt, sehr, weiß, morgen, fahren, plötzlich, kriegt, fleißig

28
- 7 Wörter mit drei Buchstaben: ihm, ihn, ihr, los, man, nie, wir
- 10 Wörter mit vier Buchstaben: alle, bald, dann, denn, dies, groß, hier, viel, voll, wenn
- 8 Wörter mit „ie“: dies, hier, kriegen, nie, viel, vielleicht, wieder, ziemlich
- 4 Wörter mit „ß“: außen, fleißig, groß, Straße
- 16 Wörter mit Doppellaut: alle, allein, bisschen, dann, denn, fallen, hatte, hätte, immer, lassen, Mutter, schnell, vielleicht, voll, wenn, wissen

29
nächster
ohne • sehr
Mutter • Vater • Kinder
fertig • außer • zurück

30

er geht	er kommt
er sagt	er kriegt
er nimmt	er spielt
er gibt	er muss

31

Abschreibeübung

32

			O						S
S	I	E	H	T		H	Ä	L	T
I			N			A			E
T		F	E	H	L	T			L
Z		Ä							L
T		H		N	A	H	M		T
		R		E			U		
	S	T	E	H	T		S	I	E
				M			S		
W	I	S	S	E	N				K
		C		N		H	I	E	R
		H				A			I
		N	I	C	H	T			E
O		E				T			G
F	Ä	L	L	T		E			T
T		L							

33

- die Bälle – der Ball
- die Hände – die Hand
- die Schwäne – der Schwan
- die Gläser – das Glas
- die Hähne – der Hahn
- die Wälder – der Wald
- die Kräne – der Kran

34

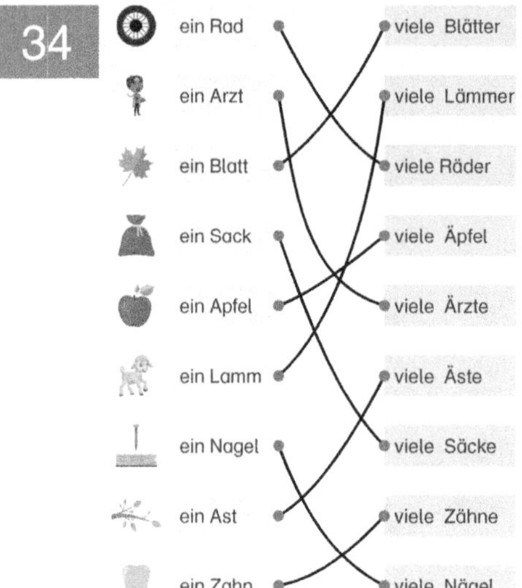

35

schlagen: Schläger, backen: Bäcker, tanzen: Tänzer, waschen: Wäsche, fangen: Fänger, jagen: Jäger, lang: Länge, kalt: Kälte, warm: Wärme

36

sie gräbt	sie trägt
sie fährt	sie schläft
sie fängt	sie brät
sie lässt	sie wäscht
sie fällt	sie hält
sie schlägt	sie wächst

37

- ein Traum und viele Träume
- ein Haus und viele Häuser
- eine Maus und viele Mäuse
- ein Baum und viele Bäume
- ein Maul und viele Mäuler
- eine Faust und viele Fäuste
- eine Sau und viele Säue
- ein Zaun und viele Zäune

38

39

Leute	Häuser	Scheune
Bäume	Beutel	Kräuter
Feuer	Keule	Geräusch
heute	Bäuche	Freude
		Verkäufer
		Freund
		Sträucher
Räuber	Euro	Gebäude
Beute	Eule	
Räume	neu	
häufig	treu	

40

				S	C	H	E	U	N	E	
				Ä			I				
		B		U			N				
		Ä		G			K			G	
		U		L		R	Ä	U	B	E	R
		M		I			U			B	
E		E		N			F			Ä	
U				G			E			U	
L										D	
E	U	R	O				F	E	U	E	R
			K	E	U	L	E				

41

- Blatt
- Hand
- Topf
- Hose
- Fuß
- Kuss
- Zaun
- Taube

- Blättchen
- Händchen
- Töpfchen
- Höschen
- Füßchen
- Küsschen
- Zäunchen
- Täubchen

42

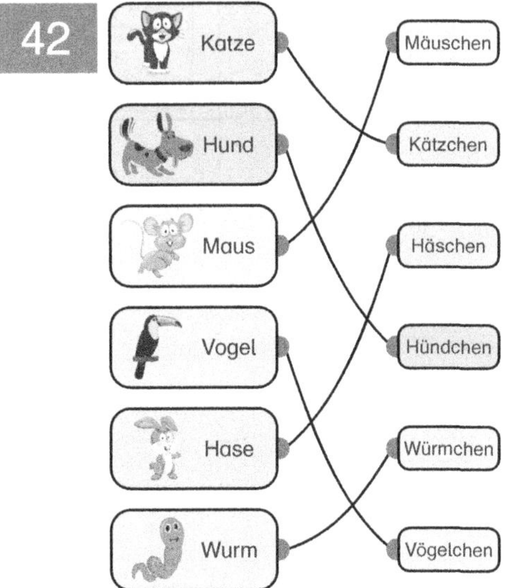

43

- Berge – Berg
- Diebe – Dieb
- Hände – Hand
- Körbe – Korb
- Züge – Zug
- Siebe – Sieb
- Brote – Brot
- Hemden – Hemd

44

Mikroskope, Urlaube, Zauberstäbe

45

Seehunde, Astronauten, Flusspferde

46

Burgen, Banken, Flugzeuge

47

Von oben nach unten: Kälber, Züge, Könige, Pakete, Schilder, Fabriken, Typen, Pferden.

48

				G			Z	
		Z	W	E	R	G	E	
				S			L	
		L		C			T	
		Ä		H			E	
K	I	N	D	E	R			
		D		N				
		E		K				
K	Ö	R	B	E		M		
			I		T	A	G	E
			L			G		
			D			N		
	A	B	E	N	D	E		
			R			T		
				S	I	E	B	E

49

Max übt Gitarre.	üben
Die Eule fliegt.	fliegen
Uli trinkt Wasser.	trinken
Rosa fängt den Ball.	fangen
Die Ente quakt.	quaken
Papa hupt.	hupen
Vera liebt ihre Mama.	lieben

50

51

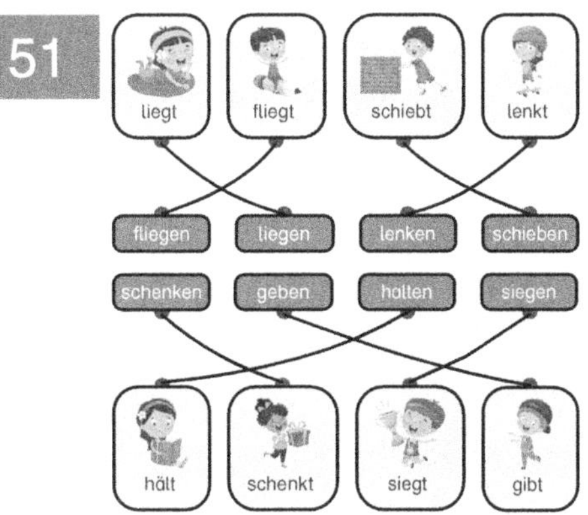

52

- bleibst
- fragt
- pumpt
- sagt
- wird
- danke
- kriegst
- hebt

53

	K				B	L	E	I	B	S	T
F	R	A	G	T						A	
	I									G	
H	E	B	S	T		P	U	M	P	T	
	G										
	S		D	A	N	K	E				
	T							W	I	R	D

54

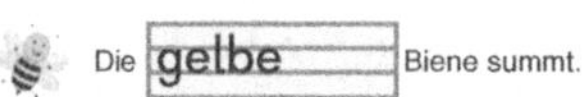
Die **gelbe** Biene summt.

Der **runde** Kugelfisch schwimmt.

Die **giftige** Schlange kriecht.

Der **starke** Löwe brüllt.

Der **rote** Marienkäfer fliegt.

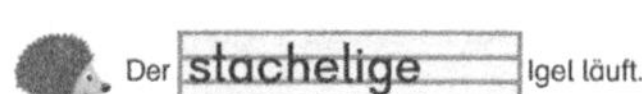
Der **stachelige** Igel läuft.

55

- der <u>runde</u> Fußball
- die <u>salzigen</u> Pommes
- die <u>gelbe</u> Banane
- die <u>rote</u> Erdbeere
- das <u>gestreifte</u> Zebra
- die <u>sonnige</u> Sonne

56

- feine und <u>grobe</u> Leberwurst
- langsame und <u>flinke</u> Haustiere
- leise und <u>laute</u> Musik
- klares und <u>trübes</u> Wasser
- faule und <u>fleißige</u> Bienen
- schwacher und <u>starker</u> Wind
- weiche und <u>harte</u> Matratzen
- zahme und <u>wilde</u> Tiere
- falsche und <u>richtige</u> Antworten
- saubere und <u>schmutzige</u> Straßen
- schmale und <u>breite</u> Treppenstufen

57

stark	schlank	klug
taub	gesund	gut
blöd		gelb
billig		mutig
fest		lieb
bunt	ständig	lustig
flink	wichtig	blond

58

59

aufschreiben	abschreiben
aufmachen	abmachen
aufsagen	absagen
aufholen	abholen
aufdrehen	abdrehen
auffahren	abfahren
aufblasen	abblasen
aufgeben	abgeben
aufdecken	abdecken
aufstellen	abstellen
auffliegen	abfliegen
aufspringen	abspringen

60

- Wortstamm „end“: beenden, endlich, Endspiel, Wochenende
- Wortstamm „sing“: Gesang, Sänger, singen, vorsingen
- Wortstamm „lach“: Gelächter, lachen, lächeln, Lachkrampf
- Wortstamm „spiel“: Brettspiel, spielen, Spieler, verspielt (auch möglich: Endspiel)

61

Diese Wörter gehören zusammen:

- baden - Badezimmer - Freibad
- fahren - Fahrrad - Vorfahrt
- halten - Anhalter - Inhalt
- leben - lebendig - Lebewesen
- suchen - Untersuchung - Versuch
- verschmutzen - schmutzig - Schmutz

62

- Kurze Selbstlaute und Umlaute: Essig, Sonne, Hütte, Wasser, offen
- Lange Selbstlaute und Umlaute: Esel, Sohn, Hüte, Wagen, Ofen

63

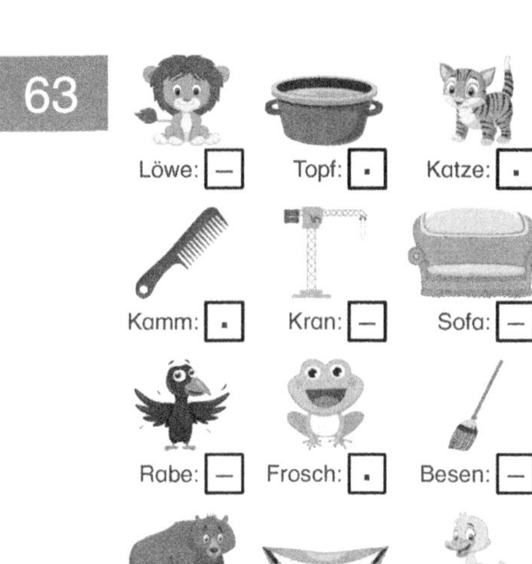

Löwe: – Topf: · Katze: ·

Kamm: · Kran: – Sofa: –

Rabe: – Frosch: · Besen: –

Bär: – Mund: · Ente: ·

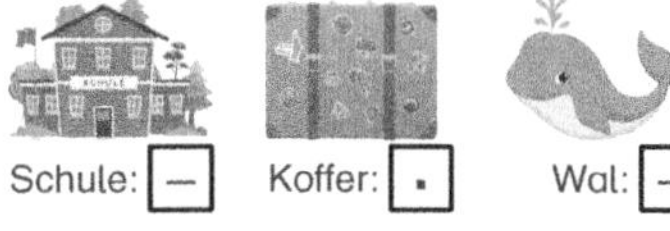

Schule: – Koffer: · Wal: –

64

- ah: Fahne, wahr
- äh: gähnen
- oh: Bohne, wohnen
- üh: fühlen

65

							M		F		
						G	E	F	A	H	R
							H		H		O
			Z				L		R		H
			E		B				E		R
	S	A	H	N	E		O	H	N	E	
	T		N		Z		H				
	U			J	A	H	R				
I	H	R			H						
	L				L	E	H	R	E	R	
					E						
		S	O	H	N						
		E		U			I		I		
		H		H			H		H		
U	H	R		N	E	H	M	E	N		

66

Von oben nach unten: Biene, Ziege, Pinsel, Spiegel, Zirkus

67

ich spiele	er spielt
ich filme	er filmt
ich biege	er biegt
ich singe	er singt
ich liebe	er liebt

68

Lösungswort: PIRATEN

69

Apfelsine, Gardine, Sardine, Pinguine, Margarine, Praline, Maschine, Kabine, Lawine, Mandarine, Delfine, Ruine

70

Von oben nach unten: Floß, Schloss, Straße, Fuß, Kissen, Schlüssel, Spieß

71

essen - fressen	weiß - heiß
außen - draußen	Fluss - Kuss
heißen - beißen	Schweiß - Fleiß

72

außen	Soße	nass
Messer	Nüsse	süß
bisschen		Riss
Sessel	küssen	groß
Tasse		Fleiß
stoßen		Schluss
reißen		Strauß

73

- Wörter mit „aa“: Haare, Aal, Waage, Ehepaar, Saat
- Wörter mit „ee“: Seepferdchen, Idee, Erdbeere, Meer, Seestern

74

- Wörter mit „oo“: Boot, Moos, Pool, Zoo, cool, doof
- Wörter mit „ee“: Schnee, Fee, See, Tee, Speer, leer

75

Einkreise- und Merkübung

76

- Wörter mit „mm“: Gummi, Kamm, Pommes, Hammer, Sommer, Himmel, Zimmer, Lamm
- Wörter mit „ss“: Essen, Fluss, Kuss, Wasser, Klasse, Kissen, Schluss, Tasse
- Wörter mit „tt“: Bett, Hütte, Gewitter, Mitte, Zettel, Butter, Mutter, Wetter

77

ich komme	er kommt
ich falle	er fällt
ich gewinne	er gewinnt
ich kenne	er kennt
ich esse	er isst
ich soll	er soll
ich muss	er muss
ich kann	er kann

78

- kennen – rennen – nennen
- essen – messen – vergessen
- fassen – lassen – passen

79

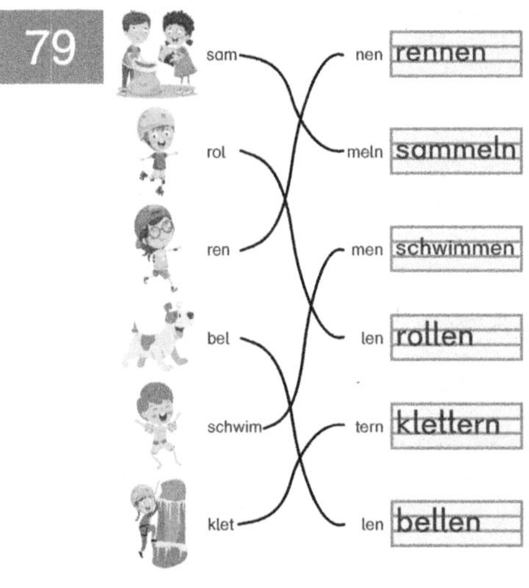

80

backen	Glück	
knicken	Rock	
stricken	Trick	Geodreieck
pflücken	Stock	
gucken	dick	
schicken	Fleck	
drücken	Block	
packen	Schluck	Heuschrecke

81

Glocke	Jacke	Dackel
Schnecke	Sack	Locke
Socken	Wecker	Mücke
Brücke	Fackel	Rucksack

82

kratzen	Witz	
jetzt	Satz	
blitzen	spitz	
putzen	Netz	
letzte	Blitz	
schützen	Sitz	
plötzlich	Platz	Katze
trotzdem	Gesetz	Kratzbaum

83

							H				
					S		I				
		M			P		T			S	
	L	A	K	R	I	T	Z	E		C	
		T			T		E			H	
		R			Z					A	
G	L	A	T	Z	E		S	P	A	T	Z
		T			R			F		Z	
		Z						Ü			
		E						T			
				B	L	I	T	Z			
								E			
		M	Ü	T	Z	E					

84

Von oben nach unten: Milch, Tisch, Kuchen, Frosch, Becher, Schachtel

85

Wunsch	Buch
Schach	Matsch
Koch	Fleisch
Hirsch	Elch
Bauch	Fisch

86

Endspiel, Frühstück, stark, Sprung, Sturm, spät, spielen, starten, spitz, Spucke, staunen, Stück, stimmt, stellen, Gespenst, Spur

87

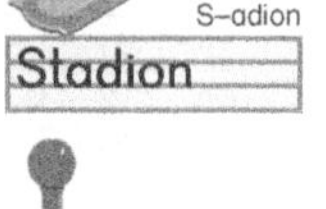
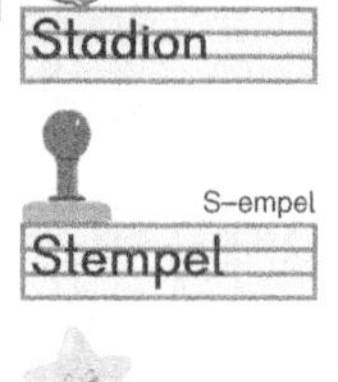
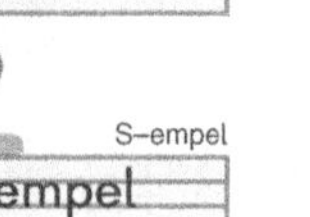

S–adion Stadion

S–ange Spange

S–empel Stempel

S–itzer Spitzer

S–ern Stern

S–uhl Stuhl

S–echt Specht

S–orch Storch

S–adt Stadt

S–iegel Spiegel

88

Büchse	Hexe	Fuchs
Teddybär	Wechsel	Pony
Eidechse	boxen	fix
Taxi	Mixer	Handy
Gyros	Ochse	Lachs
extra	Text	Hobby

89

- Wörter mit „chs“: Büchse, Eidechse, Wechsel, Ochse, Fuchs, Lachs
- Wörter mit „x“: Taxi, extra, Hexe, boxen, Mixer, Text, fix
- Wörter mit „y“: Teddybär, Gyros, Pony, Handy, Hobby

90

Beispiel	mein
Mais	Hai
Freitag	leicht
Kaiser	Brotlaib
Breite	Einhorn
leise	Teil
Kleid	Mai
Maikäfer	Bein
Zeit	klein
Kreis	Trainer

91

7 Wörter mit „ai“ (von oben nach unten): Mais, Kaiser, Maikäfer, Hai, Brotlaib, Mai, Trainer

92

		M										
	T	E	I	L								
		I		E								
		N		I		E					Z	
				S		I					E	
			B	E	I	N		K	L	E	I	N
			E			H		R			T	
K	L	E	I	D		O		E				
			S		F	R	E	I	T	A	G	
			P			N		S				
B	R	E	I	T	E							
			E									
			L	E	I	C	H	T				

93

94

Känguru	Schranke
Finger	Stinktier
Flamingo	Bank
Schlange	Lenker
Zunge	Geschenk
Pinguin	Henkel
Zeitung	Anker
Ring	

95

Pferd	Gipfel
Pfau	Apfel
Pfote	Knöpfe
Pflanze	Tropfen

96

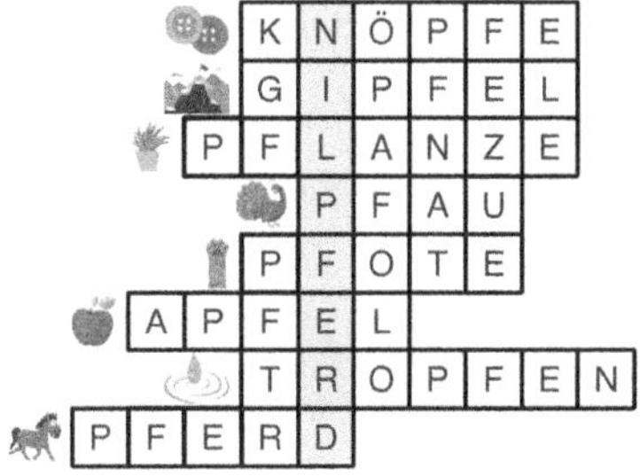

97

Zopf	Strumpf
	klopfen
Pfeife	Gipfel
Pfanne	
pfeifen	Pfütze

98

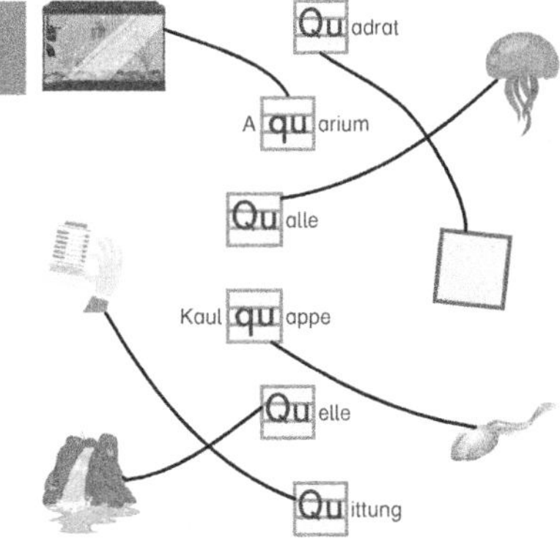

99

quaken, qualmen, quasseln, quatschen, quieken, quietschen, quengeln, quer, quetschen

100

- Wörter mit „F“: Föhn, Feuer, Foto, Flasche, Fleisch
- Wörter mit „V“: Vase, Verband, Vulkan, Virus, Vogel

101

aprVmi	vuKre	färKe
Vampir	Kurve	Käfer
reeFtns	luvPelro	ßlauFlb
Fenster	Pullover	Fußball
rakFib	liaVl	elvrKai
Fabrik	Villa	Klavier
iFsch	aeFnd	vleOin
Fisch	Faden	Oliven

102

Bir – ne
Er – de
Ar – me
Wür – fel
Tür – me
Bär – te
Pfer – de

103

er darf	wir dürfen
er hört	wir hören
er lernt	wir lernen
er wirft	wir werfen
er turnt	wir turnen
er färbt	wir färben
er spart	wir sparen
er wird	wir werden

104

Helikopt er	Roll er
Schnull er	Fenst er
Kopfhör er	Pizz a
Pand a	Weck er
Hamburg er	Fed er
Mülleim er	Leit er
Pflast er	Löch er
Fernseh er	Sof a

105

- Wörter mit „el": Gabel, Stiefel, Schlüssel, Pinsel
- Wörter mit „en": Besen, Ofen, Regen, Küken
- Wörter mit „er": Feuer, Koffer, Bagger, Tiger

106

Zahn	Rohr	Kohl
hohl	Föhn	mehr
Strahl	Ruhm	zahm
Huhn	kühl	wahr

107

- Gruppe „hl": Mehl, Stuhl, Wahl, Zahl
- Gruppe „hm": Ruhm, ihm, lahm, zahm
- Gruppe „hn": Bahn, Hahn, Sohn, zehn
- Gruppe „hr": Jahr, Ohr, Uhr, sehr

108

Hände	Äpfel
Säcke	Ärzte
Wälder	Äste

109

Häuser	Mäuse
Säue	Fäuste
Zäune	Bäume

110

Pferde	Kälber
Brote	Stäbe
Könige	Burgen

111

wir halten	wir geben
wir kriegen	wir denken
wir werden	wir hupen

112

Lied	Klavier
Stift	April
Spinne	Sardine

113

Floß	Straße
Walnuss	Tasse
Strauß	Messer

114

Gitarre	Hammer
Brille	Affe
Karotte	Löffel

115

Katze	Dackel
Wecker	sitzen
Mücke	putzen

116

Spiegel	Hochsprung
Spaghetti	Buntspecht
Spiegelei	Gespenst

117

Stall	Stadt
Stier	Stadion
Strich	Stecker

118

Biber	Jäger
Eimer	Maurer
Adler	Räuber

119

Föhn	Huhn
Stuhl	Uhr
Zahl	Ohr

Für schlaue Köpfe

Dieses Sudoku-Rätselbuch wurde speziell für Kinder ab acht Jahren entwickelt. Es wächst mit den Fähigkeiten des Kindes durch die drei Gitter-Größen 4x4, 6x6 und 9x9. Vier Schwierigkeitsgrade und altersgerechte Witze auf jeder Rätselseite bieten anhaltenden Spaß.

Sudoku-Rätselbücher sind mit das Beste, das Sie für Ihr Kind tun können. Sie vermitteln logisches Denken, steigern die Fähigkeit zur Konzentration und wecken Spaß am Rechnen und an der Mathematik.

»Sudoku für Kinder ab 8 Jahren« — jetzt bei Amazon.de!

ISBN 978-3948 577 179 • www.signifant.de

In der Bestseller-Buchreihe »Fakten für coole Kids« erhalten Kinder Antworten auf spannende Fragen wie

- Wo fährt man mit einer Seilrutsche zur Schule?
- Wer ist der dümmste Bankräuber aller Zeiten?
- Warum gefriert heißes Wasser schneller als kaltes?
- Wer erfand Glitter und warum?
- Wie viele Leute brauchen wir für eine Weltallkolonie?
- Warum hatten Europäer früher Angst vor Tomaten?

Viele Bilder, eine einfache Sprache und kurze Texte machen das Buch auch für Lesemuffel zum Vergnügen. Mit großem Wissens-Quiz.

Der Bestseller »100 verblüffende Fakten für coole Kids« — jetzt bei Amazon.de!

ISBN 978-3948 577 056 • www.signifant.de

Made in United States
Orlando, FL
01 February 2025